D1299575

Home Connection

Level 3

English and Spanish

A Division of The McGraw-Hill Companies

Columbus, Ohio

www.sra4kids.com

SRA/McGraw-Hill

A Division of The ***McGraw-Hill*** *Companies*

Copyright © 2002 by SRA/McGraw-Hill.

All rights reserved. Except as permitted under the United States Copyright Act, no part of this publication may be reproduced or distributed in any form or by any means, or stored in a database or retrieval system, without the prior written permission of the publisher, unless otherwise indicated.

Send all inquiries to:
SRA/McGraw-Hill
8787 Orion Place
Columbus, Ohio 43240-4027

Printed in the United States of America.

ISBN 0-07-571257-1

2 3 4 5 6 7 8 9 MAL 07 06 05 04 03 02

Table of Contents

Home Connection letters are available for the following lessons in the Teacher's Edition.

Unit 1 Friendship

Unit 2 City Wildlife

Unit 3 Imagination

Unit 4 Money

Unit 5 Storytelling

Unit 6 Country Life

Friendship

A message from ______________________________

Each unit of stories in our reading anthology centers on a theme. These themes will be read about, thought about, discussed, researched, and written about. The students will be provided with many opportunities to compare and contrast ideas and to respond in different ways to what they read and find out.

We will try to keep you informed about what your child is learning throughout each unit and will, from time to time, send home activities related to the unit that you can work on and share with your child. This year your child will learn about friendship, city wildlife, imagination, storytelling, money, and country life.

The first unit of the year explores the concept of friendship. Your child will be reading fiction stories about children who learn about making a new friend, sharing with a friend, and mending damaged friendships. They will go on to read a legend about true friendship and a nonfiction article about the friendship between two great athletes.

You can help by going to the library with your child to find other books about friendship, by reading the books together, and by encouraging your child to talk to you about experiences with his or her own friends.

Listed below are some books about friendship that you and your child might enjoy. These books should be available in the public library. Add to this list other books that you and your child find together.

How Humans Make Friends by Loreen Leedy. This is a useful and amusing elementary guide to the rules of friendship.

The Faithful Friend by Robert D. San Souci. This retelling of a folktale from the West Indies is about the power of friendship.

Next week's selection ***Gloria Who Might Be My Best Friend***

Your child will be studying the following vocabulary words in the upcoming week. Please review the meanings of these words with your child: **tease**—annoy continuously; **lonely**—sad from being alone; **seriously**—thoughtfully, sincerely; **collection**—similar things gathered together to study or to show to others; **stiff**—not easily bent; not flexible; **probably**—most likely.

Please review with your child the spelling words for the upcoming week: path, lamp, damp, crash, plant, math, trash, stamp, hatbox, have, grass, rags, back, black, that.

Copyright © SRA/McGraw-Hill. Permission is granted to reproduce this page for classroom use.

Amistad

Un mensaje de ____________________

Cada unidad de cuentos en nuestra antología de lectura se centra en un tema. Leeremos, pensaremos, hablaremos, investigaremos y escribiremos sobre estos temas. A los estudiantes se les darán muchas oportunidades para comparar y contrastar ideas y podrán responder de distintas maneras a lo que han leído e investigado.

Trataremos de mantenerlo(a) informado(a) sobre lo que su hijo(a) va a aprender en cada unidad y de vez en cuando mandaremos a casa actividades relacionadas a la unidad para que las puedan desarrollar y compartir con su hijo(a). Este año su hijo(a) va a aprender sobre amistad, animales de la ciudad, imaginación, narración, dinero y vida en el campo.

La primera unidad del año explora el concepto de amistad. Su hijo leerá historias ficticias sobre niños que aprenden a hacer una nueva amistad, compartir con un amigo y saber arreglar amistades dañadas. Los niños continuarán leyendo una leyenda sobre la verdadera amistad. Cuentos folklóricos sobre cómo se desarrollan las amistades y un artículo de literatura ficticia sobre la amistad entre dos atletas.

Para ayudar, usted puede acudir a la biblioteca con su hijo(a) para buscar otros libros sobre la amistad. Lean estos libros juntos y anime a su hijo(a) a que le cuente sobre experiencias con sus amigos o amigas.

Aquí encontrará una lista de libros sobre la amistad que usted y su hijo(a) disfrutarán. Estos libros deben estar disponibles en la biblioteca pública. Añada a esta lista libros que usted y su hijo(a) encuentren juntos.

How Humans Make Friends por Loreen Leedy. Ésta es una guía fundamental muy útil y divertida sobre las reglas de la amistad.

The Faithful Friend por Robert D. San Souci. Este relato de un cuento popular de las Antillas es sobre el poder de la amistad.

La selección de la próxima semana ***Gloria Who Might Be My Best Friend***

Su hijo(a) va a estudiar las siguientes palabras de vocabulario durante la próxima semana. Por favor repase el significado de estas palabras con su hijo(a): **tease**—molestar; **lonely**—triste por estar solo; **seriously**—cuidadosamente, sinceramente; **collection**—cosas similares agrupadas para estudiarlas o mostrarlas a otros; **stiff**—que no se dobla fácilmente, inflexible; **probably**—posiblemente.

Por favor repase con su hijo(a) las siguientes palabras para deletrear para la próxima semana: path, lamp, damp, crash, plant, math, trash, stamp, hatbox, have, grass, rags, back, black, that.

Copyright © SRA/McGraw-Hill. Permission is granted to reproduce this page for classroom use.

Gloria Who Might Be My Best Friend

A message from ______________________________

Our class has just finished reading "Gloria Who Might Be My Best Friend," a story about a boy who didn't want a girl for a friend until Gloria moved in a block away. Ask your child to tell you the details. In this story, the two children make a kite. You and your child might enjoy making and flying a kite. Below are directions for a kite that is easy to make.

You will need:

a square piece of paper
tape
ribbon
drinking straws or bamboo skewers
string
pointed scissors

What to do:

1. Fold the paper in half, corner to corner, to make a triangle. Crease the paper, then unfold it so it lies flat.

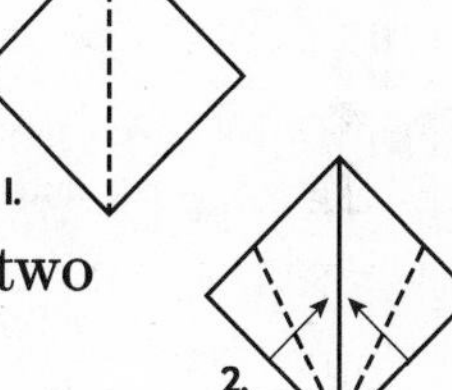

2. With one end of the crease pointing away from you, fold the two sides in to meet the crease. Tape the sides in place.

3. Place drinking straws or bamboo skewers end to end and tape them to the kite to form a brace. Then punch a hole just above the brace with the point of the scissors. Tie a long piece of string around the brace and feed it through the hole, leaving a long end for you to hold while the kite flies.

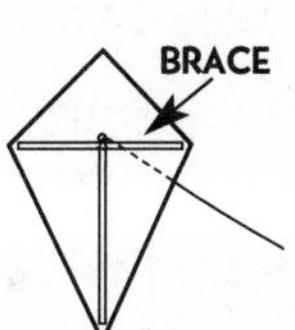

4. Punch another hole in the narrow, pointed end of the kite, and tie another piece of string to act as the tail. Cut pieces of ribbon and tie several bows along the tail.

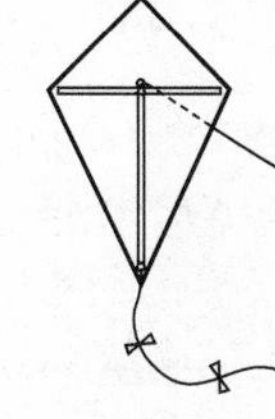

Next week's selection ***Angel Child, Dragon Child***

Your child will be studying the following vocabulary words in the upcoming week. Please review the meanings of these words with your child: **jangled**—made a loud ringing noise; **twittered**—chattered noisily, sounding like chirping birds; **gleamed**—was bright and shiny; **darted**—moved or ran quickly from one place to another place; **scrawled**—wrote quickly but not carefully; **margins**—empty spaces at the edge of the page, above, below, to the left and right.

Please review with your child the spelling words for the upcoming week: deck, tent, spent, fence, head, dead, bread, desk, thread, sweater, edge, bell, next, send, them.

Copyright © SRA/McGraw-Hill. Permission is granted to reproduce this page for classroom use.

Gloria Who Might Be My Best Friend

Un mensaje de ______________________________

Nuestra clase ha terminado de leer “Gloria Who Might Be My Best Friend”, una historia de un niño que no quería a una niña como amiga hasta que Gloria se mudó a una cuadra de su casa. Pida a su hijo(a) que le cuente los detalles del cuento. En esta historia, los dos niños hacen una cometa. Para disfrutar, usted y su hijo(a) pueden elaborar y hacer volar una cometa. Aquí están las instrucciones para una hacer una cometa muy fácil.

Necesita:

un pedazo cuadrado de papel
cinta adhesiva
cinta
popotes o palitos de brochetas
cuerda
tijeras puntiagudas

Qué hacer:

1. Doble el papel por la mitad, de esquina a esquina para hacer un triángulo. Marque bien el pliegue y desdoble el papel para que quede plano.
2. Con una esquina del doblez apuntado lejos de usted, doble los dos lados hacia el doblez. Pegue los lados con cinta adhesiva.

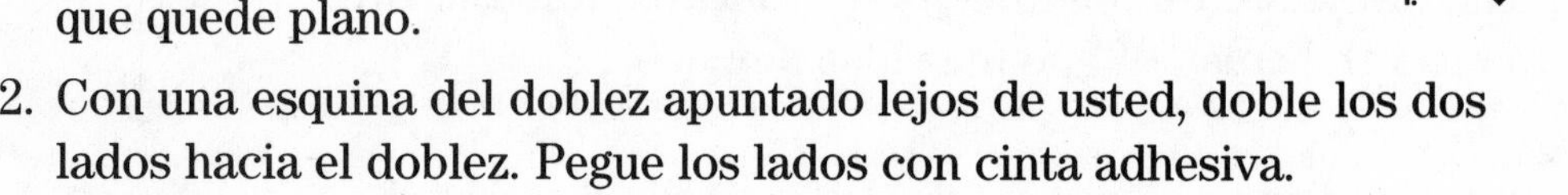

3. Coloque los popotes o los palitos de brochetas punta con punta y péguelos a la cometa para formar un travesaño. Perfore un hueco justo encima del travesaño con la punta de las tijeras. Amarre un pedazo largo de cuerda alrededor del travesaño y páselo por el hueco, dejando un pedazo largo para sostener la cometa cuando vuele.

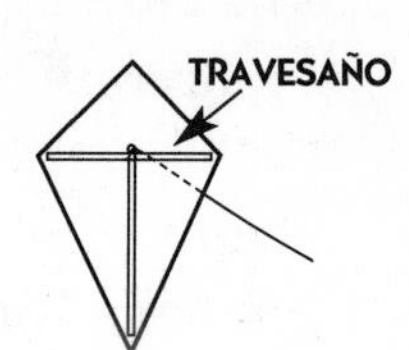

4. Perfore otro hueco en la parte angosta y puntiaguda de la cometa y ate otro pedazo de cuerda para la cola. Corte pedazos de cinta y ate algunos lazos a lo largo de la cola.

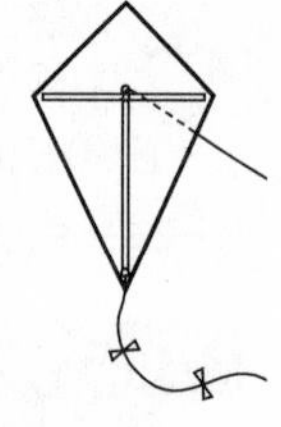

La selección de la próxima semana ***Angel Child, Dragon Child***

Su hijo(a) va a estudiar las siguientes palabras de vocabulario durante la próxima semana. Por favor repase el significado de estas palabras con su hijo(a): **jangled**—hizo un sonido fuerte y resonante; **twittered**—charló ruidosamente, que suena como pájaros piando; **gleamed**—que era claro y brillante; **darted**—se movió o corrió rápidamente de un lugar a otro; **scrawled**—escribió rápida pero descuidadamente; **margins**—espacios en blanco al filo de la página, arriba, abajo, a la izquierda y a la derecha.

Por favor repase con su hijo(a) las siguientes palabras para deletrear para la próxima semana: deck, tent, spent, fence, head, dead, bread, desk, thread, sweater, edge, bell, next, send, them.

Copyright © SRA/McGraw-Hill. Permission is granted to reproduce this page for classroom use.

A message from ______________________

We have just read "Angel Child, Dragon Child." This is the story of a young Vietnamese girl whose mother hasn't yet arrived from Vietnam. Whenever the girl feels lonely, she looks at a picture of her mother that she keeps in a small wooden matchbox. Ask your child to tell you more about the story. Then ask your child to imagine what it would be like to move to another city and not have a friend or to go to another country and leave behind everything that is familiar. What two or three small objects would your child take along in order to feel less lonely? Why would she or he choose to take those objects? Encourage your child to write about each of the objects on this page and bring it to school to share with the class.

____

____

____

____

____

____

____

____

____

____

____

____

Next week's selection ***The Tree House***

Your child will be studying the following vocabulary words in the upcoming week. Please review the meanings of these words with your child: **magnificent**—great, wonderful; **marvelous**—outstanding; **beautiful**—lovely, pleasing to look at; **peered**—looked; **height**—how tall something is.

Please review with your child the spelling words for the upcoming week: pick, risk, film, grip, brick, give, stitch, finish, trick, live, window, visit, lift, with, into.

Copyright © SRA/McGraw-Hill. Permission is granted to reproduce this page for classroom use.

Un mensaje de ______________________________

Hemos terminado de leer "Angel Child, Dragon Child". Ésta es la historia de una joven vietnamita cuya madre aún no llegaba de Vietnam. Cuando la joven se siente sola, ella mira las fotos de su madre que guarda en una cajita de madera. Pida a su hijo(a) que le cuente más sobre esta historia. Luego pídale que imagine cómo sería mudarse a otra ciudad y no tener amigos o a otro país y dejar atrás todo lo familiar. ¿Qué dos o tres objetos llevaría su hijo(a) consigo para sentirse menos solo? ¿Por qué él o ella escogería estos objetos? Anime a su hijo(a) a escribir sobre cada uno de los objetos en esta página y a compartirla con la clase.

____

____

____

____

____

____

____

____

____

____

____

La selección de la próxima semana ***The Tree House***

Su hijo(a) va a estudiar las siguientes palabras de vocabulario durante la próxima semana. Por favor repase el significado de estas palabras con su hijo(a): **magnificent**—estupendo, maravilloso; **marvelous**—excelente; **beautiful**—encantador, atractivo; **peered**—miró; **height**—la altura de algo.

Por favor repase con su hijo(a) las siguientes palabras para deletrear para la próxima semana: pick, risk, film, grip, brick, give, stitch, finish, trick, live, window, visit, lift, with, into.

Copyright © SRA/McGraw-Hill. Permission is granted to reproduce this page for classroom use.

A message from ______________________________

As part of our unit on friendship, our class has read "The Tree House." This story is about two girls who learn that cooperating and sharing is a lot more fun than being rivals. Ask your child to tell you about what happens in the story.

During this story, one of the girls shares her bananas with the other. You and your child might enjoy making banana pops.

Banana Pops

Ingredients:

6 large, firm bananas, peeled
12 wooden ice-cream sticks
12 ounces of either semisweet or milk chocolate
Decorations: sprinkles, frosting, nuts, candied fruit, coconut, corn flakes, or your choice

Cut each banana in half crosswise. Insert a wooden stick inside each half. Put the bananas on a cookie sheet and freeze them for an hour or until firm. Then break the chocolate into pieces and melt in a double boiler. Take one banana at time from the freezer, and spoon melted chocolate over the banana to coat it. (If the bananas are frozen, the chocolate will start to set immediately.) Quickly decorate the banana with decorations of your choice. Rest each finished banana on a piece of oiled waxed paper or foil. As soon as the chocolate and the decorations are firm, wrap each banana in freezer paper or foil and store it in the freezer. As with ice-cream pops, you should serve banana pops frozen.

Next week's selection ***Rugby & Rosie***

Your child will be studying the following vocabulary words in the upcoming week. Please review the meanings of these words with your child: **commands**—short, firm instructions; **manners**—habits of behavior; **proud**—feeling very pleased with something; **trainers**—teacher, coach; **graduation**—ceremony to mark the completion of a full course of study.

Please review with your child the spelling words for the upcoming week: rot, shot, crop, sock, clock, flock, body, spot, stocking, lobby, stop, got, lots, job, pond.

Copyright © SRA/McGraw-Hill. Permission is granted to reproduce this page for classroom use.

Un mensaje de ______________________________

Como parte de nuestra unidad sobre la amistad, nuestra clase ha leído "The Tree House". Este cuento trata de dos niñas que aprenden que cooperar y compartir es más divertido que ser rivales. Pida a su hijo(a) que le cuente lo que pasa en la historia.

En la historia,una de las niñas comparte sus bananas con la otra. Para disfrutar, usted y su hijo(a) pueden hacer bananas congeladas.

Bananas congeladas

Ingredientes

6 bananas grandes firmes y peladas
12 palitos de helado
12 onzas de chocolate semidulce o con leche
Decoraciones: decoraciones de azúcar, nueces, fruta confitada, coco, cereal *corn flakes* o su elección

Corte cada banana por la mitad. Inserte un palito de helado en cada mitad. Ponga las bananas en una lata de galletas y congélelas por una hora o hasta que estén firmes. Luego, rompa el chocolate en pedacitos y derrítalo a baño de María. Tome una banana del congelador a la vez y cúbrala con el chocolate derretido. (Si las bananas están congeladas, el chocolate se fijará inmediatamente.) Rápidamente decore la banana con las decoraciones de su elección. Coloque cada banana ya terminada en un pedazo de papel encerado o de aluminio. Una vez que el chocolate y las decoraciones estén duras, envuelva cada banana en papel de congelador o en papel de aluminio y colóquelas en el congelador. Sirva las bananas en palo congeladas como si fueran helados de paleta.

La selección de la próxima semana ***Rugby & Rosie***

Su hijo(a) va a estudiar las siguientes palabras de vocabulario durante la próxima semana. Por favor repase el significado de estas palabras con su hijo(a): **commands**—órdenes cortas y fuertes; **manners**—hábitos de comportamiento; **proud**—sentirse muy contento de algo; **trainers**—maestro, entrenador; **graduation**—ceremonia para marcar el fin de cursos de estudio completos.

Por favor repase con su hijo(a) las siguientes palabras para deletrear para la próxima semana: rot, shot, crop, sock, clock, flock, body, spot, stocking, lobby, stop, got, lots, job, pond.

Copyright © SRA/McGraw-Hill. Permission is granted to reproduce this page for classroom use.

A message from ____________________

Our class has just read "Rugby & Rosie." In this story, a new puppy comes to live with Rugby's family, but only for one year. Rugby is the family dog. The family will spend one year training the puppy and exposing it to different types of environments. At the end of the year, if the puppy passes the tests, it will go on to take special training to become a guide dog for a blind person. The boy in the story is happy to have a puppy to play with him and Rugby, but the boy worries that he will miss the new puppy when she is gone. As for Rugby, he takes some time to get used to the puppy. Ask your child to tell you more about the story and how the friendship grew, what lessons pets can teach us about friendship, and how friends sometimes have to let go.

Ask your child if he or she has ever taken some time to build a new friendship with someone. Was that difficult? If so, why? What kinds of things can people do together to begin a friendship? Ask your child to write about their suggestions here. Encourage your child to explain how the activities he or she suggests can help friendship grow.

____

____

____

____

____

____

____

Next week's selection ***Teammates***

Your child will be studying the following vocabulary words in the upcoming week. Please review the meanings of these words with your child: **exist**—to be around; **extraordinary**—remarkable; very special; **apathetic**—not interested; not caring; **intimidate**—to make someone feel bad by hurting their feelings; **experiment**—a test used to discover something; **humiliations**—things that cause someone to be embarrassed.

Please review with your child the spelling words for the upcoming week: dusk, blush, crust, thump, shut, dump, scrub, pump, buff, buzz, but, just, bus, upon, much.

Copyright © SRA/McGraw-Hill. Permission is granted to reproduce this page for classroom use.

Un mensaje de ____________________

Nuestra clase ha terminado de leer "Rugby & Rosie". En esta historia, un nuevo cachorro viene a vivir con la familia de Rugby, pero tan sólo por un año. Rugby es el perro de la familia. La familia pasará un año entrenando al cachorro y exponiéndolo a diferentes tipos de ambientes. Al final del año, si el cachorro pasa las pruebas, pasará a un entrenamiento especial para ser un perro guía para una persona ciega. El niño del cuento está contento de tener un cachorro para jugar con él y Rugby, pero el niño se preocupa de que extrañará al nuevo cachorro cuando se vaya. Pida a su hijo(a) que le hable más sobre el cuento y de cómo creció la amistad, las lecciones que las mascotas nos pueden enseñar sobre la amistad y cómo los amigos deben dejar marchar a otros a veces.

Pregunte a su hijo(a) si alguna vez ha dedicado tiempo para comenzar una nueva amistad con alguien. ¿Fue difícil? De ser así, ¿por qué? ¿Qué clases de cosas puede hacer la gente junta para comenzar una amistad? Pida a su hijo(a) que escriba sobre sus sugerencias aquí. Anime a su hijo(a) a explicar cómo las actividades que sugiere pueden ayudar a que crezca la amistad.

____

____

____

____

____

____

____

La selección de la próxima semana *Teammates*

Su hijo(a) va a estudiar las siguientes palabras de vocabulario durante la próxima semana. Por favor repase el significado de estas palabras con su hijo(a): **exist**—estar; **extraordinary**—excelente, muy especial; **apathetic**—sin interés, que no le importa; **intimidate**—hacer que alguien se sienta mal hiriendo sus sentimientos; **experiment**—prueba que se usa para descubrir algo; **humiliations**—cosas que ocasionan que alguien pase vergüenza.

Por favor repase con su hijo(a) las siguientes palabras para deletrear para la próxima semana: graduation, dusk, blush, crust, thump, shut, dump, scrub, pump, buff, buzz, but, just, bus, upon, much.

Copyright © SRA/McGraw-Hill. Permission is granted to reproduce this page for classroom use.

A message from ______________________

Our class has just finished a selection called "Teammates," about the friendship between the baseball players Jackie Robinson and Pee Wee Reese. It tells about the courage of Jackie Robinson, the first African American to play Major League baseball. It also tells about Pee Wee Reese, who had the courage to stand up for his teammate.

You can increase your child's understanding of the difficult issues raised in this article by discussing it with him or her. Ask your child to tell you about the events described in the article. Then ask what he or she thinks prejudice is and how a person decides what is right and what is wrong. Encourage your child to write his or her thoughts and feelings about these issues on this page, and bring it to school to share with the class.

Next week's selection ***The Legend of Damon and Pythias***

Your child will be studying the following vocabulary words in the upcoming week. Please review the meanings of these words with your child: **tyrant**—a harsh, unjust ruler; **rebel**—to resist a ruler's power; **appointed**—to name officially; **traitor**—someone who betrays another's trust; **honorable**—deserving of honor or respect.

Please review with your child the spelling words for the upcoming week: brand, candy, plan, hobby, best, read, us, top, jump, send, tell, prison, last, robbers, struggle.

Copyright © SRA/McGraw-Hill. Permission is granted to reproduce this page for classroom use.

Un mensaje de ____________________

Nuestra clase ha terminado de leer una selección llamada "Teammates", sobre la amistad entre los jugadores de béisbol Jackie Robinson y Pee Wee Reese. Trata del valor de Jackie Robinson, el primer afroamericano de la Liga Mayor de béisbol. El artículo también trata de Pee Wee Reese que tuvo el valor de apoyar a su compañero de equipo.

Para ayudar a su hijo(a) a tener mayor conocimiento de los temas difíciles de este artículo, coméntelos con él o ella. Pida a su hijo(a) que le cuente sobre los eventos que se describen en el artículo. Además pregúntele lo que es el prejuicio y cómo una persona decide lo que es correcto o incorrecto. Anime a su hijo(a) a escribir sus pensamientos y sentimientos sobre estos asuntos en esta página y a compartirla con la clase.

La selección de la próxima semana ***The Legend of Damon and Pythias***

Su hijo(a) va a estudiar las siguientes palabras de vocabulario durante la próxima semana. Por favor repase el significado de estas palabras con su hijo(a): **tyrant**—gobernante duro e injusto; **rebel**—resistir el poder de un gobernante; **appointed**—nombrado oficialmente; **traitor**—alguien que traiciona la confianza de otro; **honorable**—que merece honor o respeto.

Por favor repase con su hijo(a) las siguientes palabras para deletrear para la próxima semana: brand, candy, plan, hobby, best, read, us, top, jump, send, tell, prison, last, robbers, struggle.

Copyright © SRA/McGraw-Hill. Permission is granted to reproduce this page for classroom use.

A message from ______________________________

In our unit on friendship, we have just finished reading "The Legend of Damon and Pythias," a story about two friends who show great loyalty to each other even at the risk of their lives.

Ask your child to summarize the story briefly for you. Your child may want to tell you what he or she would have done if placed in the same situation.

The tale of Damon and Pythias is a legend based on real characters who lived long ago. There are many legends like this—partly fictionalized stories about real people—but there are other legends that are completely fictional and whose characters are imaginary. You and your child might like to read some legends together. For example, you might look for books about

Robin Hood	King Arthur	Davy Crockett	Daniel Boone
Mike Fink	Annie Oakley	John Henry	Paul Bunyan

If possible, check the public library for books about these or other characters that you and your child would like to read about. Choose one book to read together. Then have your child write a brief summary below to share with the rest of the class.

Copyright © SRA/McGraw-Hill. Permission is granted to reproduce this page for classroom use.

Un mensaje de ________________________________

En nuestra unidad sobre la amistad, acabamos de leer "The Legend of Damon and Phythias", una historia sobre dos amigos que se muestran gran lealtad incluso arriesgando sus propias vidas.

Pida a su hijo(a) que le resuma brevemente la historia. Puede que su hijo(a) quiera decirle lo que haría si se viera en la misma situación.

El relato de Damón y Pitias es una leyenda basada en personajes reales que vivieron hace mucho tiempo. Existen muchas leyendas como ésta (historias sobre gente real que son parte ficción), pero existen otras leyendas que son ficción en su totalidad y cuyos personajes son imaginarios. Puede que su hijo(a) y usted deseen leer algunas leyendas juntos. Por ejemplo, pueden buscar libros sobre

Robin Hood	Rey Arturo	David Crockett	Daniel Boone
Mike Fink	Annie Oakley	John Henry	Paul Bunyan

Si es posible, busque en la biblioteca pública sobre éstos y otros personajes sobre los que su hijo(a) y usted quieran leer. Después, pida a su hijo(a) que escriba un pequeño resumen a continuación, para compartir con el resto de la clase.

Copyright © SRA/McGraw-Hill. Permission is granted to reproduce this page for classroom use.

City Wildlife

A message from ______________________

The unit we are starting to read is about city wildlife. City wildlife includes all the wild animals, birds, plants, and trees that thrive in urban areas. Through a variety of articles, stories, and poems students will discover the vast number of living things—often unseen—that share city spaces with people.

Our class will begin by reading an informational article about the various animals and birds that have adapted to city life. Students will go on to read about the importance of open spaces in cities, the places birds nest in cities, and the joy of discovering and protecting wildlife.

You can help in this discovery of city wildlife by reading books with your child, and joining her or him in setting up experiments, visiting wildlife habitats and preserves, or planting seeds. In addition, you and your child may enjoy the following books about city wildlife. These and many others should be available at your public library.

Backyard Birds for Summer by Carol Lerner. This book is a basic guide to viewing migrating backyard birds. It also gives advice for creating and maintaining birdhouses.

Washing the Willow Tree Loon by Jacqueline Briggs Martin. This is the story of a group of bird-lovers that rescue and care for an oil-soaked loon after a disastrous oil spill.

City Foxes by Wendy Shattil (photographer) and Susan J. Tweit. This is the true story of a family of fox kits that photographer Wendy Shattil discovered and photographed as they grew up amid the dangers of the city of Denver.

Next week's selection ***The Boy Who Didn't Believe in Spring***

Your child will be studying the following vocabulary words in the upcoming week. Please review the meanings of these words with your child: **crops**—plants grown for food or to sell to make money; **decorated**—made beautiful by adding fancy things and frills; **vacant**—empty; abandoned; **mound**—small hill or pile of dirt, rocks, or other material; **patch**—an area different from what's around it.

Please review with your child the spelling words for the upcoming week: bare, dare, fare, share, hair, fair, glare, chair, bear, wear, air, car, dark, apartments, started.

Copyright © SRA/McGraw-Hill. Permission is granted to reproduce this page for classroom use.

Flora y fauna silvestres de la ciudad

Un mensaje de ______________________________

La unidad que comenzamos a leer trata de la flora y la fauna silvestres de la ciudad. La flora y la fauna de la ciudad incluyen todos los animales salvajes, pájaros, plantas y árboles que crecen en las zonas urbanas. A través de una variedad de artículos, historias y poemas, los estudiantes descubrirán el gran número de seres vivientes—poco vistos—que comparten el espacio físico de la ciudad con la gente.

Nuestra clase comenzará a leer un artículo informativo sobre los diversos animales y pájaros que se han adaptado a la vida de la ciudad. Los estudiantes continuarán leyendo sobre la importancia de los lugares al aire libre en las ciudades, lugares donde anidan los pájaros en las ciudades, el placer de descubrir y proteger la flora y fauna silvestres.

Para ayudar en este descubrimiento de la flora y fauna silvestres de la ciudad, puede leer libros con su hijo, ayudarlo(a) a hacer experimentos, visitar hábitats de animales y preservas o plantar semillas. Además usted y su hijo(a) podrán disfrutar de los siguientes libros sobre la flora y la fauna silvestres de la ciudad. Éstos y muchos otros estarán disponibles en la biblioteca pública.

Backyard Birds for Summer por Carol Lerner. Este libro es una guía básica para observar pájaros de jardín migratorios. También da consejos sobre la creación y el mantenimiento de pajareras.

Washing the Willow Tree Loon por Jacqueline Briggs Martin. Ésta es la historia de un grupo de amantes de aves que rescatan y cuidan a un somorgujo que estaba empapado petróleo en a causa de un derrame de petróleo.

City Foxes por Wendy Shattil (fotógrafa) y Susan J. Tweit. Ésta es la verdadera historia de una familia de zorros que la fotógrafa Wendy Shattil descubrió y fotografió a medida que crecían entre los peligros de la ciudad de Denver.

La selección de la próxima semana ***The Boy Who Didn't Believe in Spring***

Su hijo(a) va a estudiar las siguientes palabras de vocabulario durante la próxima semana. Por favor repase el significado de estas palabras con su hijo(a): **crops**—plantas que se cultivan para obtener comida o para ser vendidas y ganar dinero; **decorated**—hacer algo más hermoso añadiendo cosas y adornos; **vacant**—vacío, abandonado; **mound**—pequeña colina o montón de tierra, piedras u otro material; **patch**—zona difrente a la que le rodea.

Por favor repase con su hijo(a) las siguientes palabras para deletrear para la próxima semana: bare, dare, fare, share, hair, fair, glare, chair, bear, wear, air, car, dark, apartments, started.

Copyright © SRA/McGraw-Hill. Permission is granted to reproduce this page for classroom use.

A message from ______________________________

We have just read a story called "The Boy Who Didn't Believe in Spring." This is the story of a young boy named King Shabazz, who decided one day that he had heard enough talk about spring. He put on his shades, grabbed his friend Tony, and went off to find himself some spring, whatever it was. Ask your child to tell you more about this story.

Help your child make a list of the signs of spring in your part of the country. In addition to changes in plants and animals, your child could include other signs of spring, such as changes in weather, in clothing, in sports and recreation, or in kinds of food available. Ask your child to bring the list to school to share and discuss with the class.

____

____

____

____

____

____

____

____

Next week's selection ***City Critters: Wild Animals Live in Cities, Too***

Your child will be studying the following vocabulary words in the upcoming week. Please review the meanings of these words with your child: **biologist**—person who studies how people, other animals, or plants live and grow; **skyscraper**—very tall building found in the city; **urban**—having to do with a city or city life; **migrating**—moving from one place to another, usually when the seasons change; **laboratories**—places where science studies and experiments are done; **observation**—watching and looking, being careful to notice details.

Please review with your child the spelling words for the upcoming week: porch, fort, sport, storm, tore, burn, curb, hurt, hurry, nurse, urban, forget, bird, short, before.

Copyright © SRA/McGraw-Hill. Permission is granted to reproduce this page for classroom use.

The Boy Who Didn't Believe in Spring

Un mensaje de ______________________________

Hemos terminado de leer una historia llamada "The Boy Who Didn't Believe in Spring". Es la historia de un niño llamado King Shabazz, quien un día decidió que ya había oído hablar lo suficiente sobre la primavera. Se puso las gafas y fue por su amigo Tony. Los dos se fueron a coger un poco de primavera o lo que quiera decir esto. Pida a su hijo(a) que le cuente un poco más de esta historia.

Ayude a su hijo(a) a hacer una lista de las señales de la primavera que ocurren en el lugar del país donde viven. Además de los cambios en las plantas y animales, su hijo(a) podría incluir otras señales de la primavera, como cambios de tiempo, de la vestimenta, de los deportes y recreación o de los tipos de comida disponibles. Pida a su hijo(a) que traiga esa lista a la escuela para discutirla en clase.

____

____

____

____

____

____

____

____

La selección de la próxima semana ***City Critters: Wild Animals Live in Cities, Too***

Su hijo(a) va a estudiar las siguientes palabras de vocabulario durante la próxima semana. Por favor repase el significado de estas palabras con su hijo(a): **biologist**—persona que estudia cómo otras personas, otros animales o plantas viven y crecen; **skyscraper**—edificio muy alto que se encuentra en la ciudad; **urban**—que tiene que ver con la ciudad o la vida de la ciudad; **migrating**—moverse de un lugar a otro, generalmente cuando cambian las estaciones; **laboratories**—lugares donde se realizan estudios científicos y experimentos; **observation**—observar y mirar, prestando atención para notar los detalles.

Por favor repase con su hijo(a) las siguientes palabras para deletrear para la próxima semana: porch, fort, sport, storm, tore, burn, curb, hurt, hurry, nurse, urban, forget, bird, short, before.

Copyright © SRA/McGraw-Hill. Permission is granted to reproduce this page for classroom use.

City Critters: Wild Animals Live in Cities, Too

A message from ______________________________

Our class has just read "City Critters," an article about the wildlife that fills our cities and the scientists who are working to protect both the animals and the places they live. Ask your child to tell you more about the article.

You can help your child begin to appreciate the vast numbers of animal, bird, and insect species by taking a "field trip" in your neighborhood or in a local park. Ask your child to listen and watch carefully for birds hidden in trees, tiny insects under foot, and animals sleeping in dark places. Take along a set of binoculars, if possible. Remind your child that scientists observe wildlife by sitting absolutely still and being quiet. Encourage your child to keep a record of the wildlife you see on your field trip to share with his or her classmates at school.

Wildlife We Saw	Where We Saw It	Time of Day We Saw It

Next week's selection ***Make Way for Ducklings***

Your child will be studying the following vocabulary words in the upcoming week. Please review the meanings of these words with your child: **enormous**—very large, huge; **delighted**—very happy, pleased; **cozy**—warm and comfortable; **bursting**—filled and overflowing with strong emotion; **responsibility**—important job, duty; **beckoned**—made a sign or signal to someone to have them come closer.

Please review with your child the spelling words for the upcoming week: candle, handle, tangle, jungle, marble, apple, bubble, bottle, jingle, pebble, people, turtles, little, waddle, whistle.

Copyright © SRA/McGraw-Hill. Permission is granted to reproduce this page for classroom use.

City Critters: Wild Animals Live in Cities, Too

Un mensaje de ______________________________

Nuestra clase ha terminado de leer “City Critters”, un artículo sobre la fauna silvestre que habita en nuestras ciudades y sobre los científicos que trabajan para proteger los animales y sus hábitats. Pida a su hijo(a) que le cuente más sobre este artículo.

Para ayudar a su hijo(a) a apreciar la gran variedad de especies de animales, pájaros e insectos, usted puede realizar excursiones en su barrio o en su parque local. Pida a su hijo(a) que escuche y mire con cuidado los pájaros que están escondidos en los árboles, los diminutos insectos debajo de sus pies y los animales que duermen en lugares oscuros. Lleve unos prismáticos si es posible. Recuerde a su hijo(a) que la manera en que los científicos observan la fauna es en absoluta quietud y silencio. Anime a su hijo(a) a mantener un registro de la fauna que vea en sus excursiones para compartir con los compañeros de la escuela.

Fauna que vimos	Dónde la vimos	Hora del día en que la vimos

La selección de la próxima semana ***Make Way for Ducklings***

Su hijo(a) va a estudiar las siguientes palabras de vocabulario durante la próxima semana. Por favor repase el significado de estas palabras con su hijo(a): **enormous**—muy grande, enorme; **delighted**—muy contento, complacido; **cozy**—agradable y cómodo; **bursting**—lleno y rebosante de una fuerte emoción; **responsibility**—trabajo importante, deber; **beckoned**—hizo un gesto o señal a alguien para que se acercaran.

Por favor repase con su hijo(a) las siguientes palabras para deletrear para la próxima semana: candle, handle, tangle, jungle, marble, apple, bubble, bottle, jingle, pebble, people, turtles, little, waddle, whistle.

Copyright © SRA/McGraw-Hill. Permission is granted to reproduce this page for classroom use.

Make Way for Ducklings

A message from ________________________________

Recently, our class read the story "Make Way for Ducklings." In this fantasy, Mr. and Mrs. Mallard decide to raise their family of eight ducklings right in the middle of traffic-congested Boston. Ask your child to tell you more about the story.

The ducks in the story liked Boston because it seemed like everyone wanted to feed them peanuts, a favorite food. You and your child might enjoy preparing a snack mix that has peanuts in it. The recipe that follows is a low sugar and low fat mix.

Snack Mix

Ingredients:

1 cup peanuts
1 cup animal crackers
2 cups O-shaped cereal
2 cups pretzel sticks
1-1/2 teaspoons soy sauce
2 teaspoons Worcestershire sauce

Combine all the ingredients in a plastic bag and shake until everything is evenly mixed. Lightly coat a 9x13-inch baking pan with cooking oil or spray, and spread the mixture in the pan. Bake at 275° for 35 minutes, stirring occasionally, until lightly browned. Allow mixture to cool, then store in a covered container. This makes about 6 cups of snack mix.

Next week's selection ***Urban Roosts: Where Birds Nest in the City***

Your child will be studying the following vocabulary words in the upcoming week. Please review the meanings of these words with your child: **abandoned**—left behind or unused; either unprotected, unneeded, or unwanted; **originally**—at first; in the beginning; **species**—kind or type of plant or animal that scientists group together because they share the same characteristics; **cavity**—hollow place or hole; **suburbs**—area of homes, stores, and businesses that are near or right next to a city or urban area; **clamor**—loud noise, usually lasting for a long time.

Please review with your child the spelling words for the upcoming week: mouse, count, mouth, south, bound, gown, crown, brown, frown, crowd, flowerpot, house, throughout, surrounds, found.

Copyright © SRA/McGraw-Hill. Permission is granted to reproduce this page for classroom use.

Un mensaje de ______________________________

Recientemente, nuestra clase leyó la historia "Make Way for Ducklings". En esta fantasía, el Sr. y la Sra. Mallard deciden criar a su familia de ocho patitos en medio de la congestión de tráfico de Boston. Pida a su hijo(a) que le cuente más sobre esta historia.

A los patos de la historia les gustaba vivir en Boston porque parecía que todo el mundo les quería dar de comer cacahuates, su comida favorita. Para disfrutar, usted y su hijo(a) pueden preparar una mezcla que tenga cacahuates. La receta a continuación es baja en azúcar y en grasa.

Mezcla de nueces y cereales

Ingredientes:

1 taza de cacahuates
1 taza de galletas de animales
2 tazas de cereal en forma de O
2 tazas de palitos pretzels
1-1/2 cucharaditas de salsa de soya
2 cucharaditas de salsa Worcestershire

Mezcle todos los ingredientes en una bolsa plástica y revuélvalos hasta que todo esté mezclado. Cubra ligeramente una lata de hornear de 9x13 pulgadas con aceite de cocina y extienda la mezcla en la lata. Hornee a 275° por 35 minutos y mezcle ocasionalmente hasta que se dore. Permita que la mezcla se enfríe, luego guárdela en un recipiente cerrado. Ustedes tendrán aproximadamente seis tazas de mezcla.

La selección de la próxima semana *Urban Roosts: Where Birds Nest in the City*

Su hijo(a) va a estudiar las siguientes palabras de vocabulario durante la próxima semana. Por favor repase el significado de estas palabras con su hijo(a): **abandoned**—dejado atrás sin usarse, ya sea sin protección, sin necesidad, sin deseo; **originally**—al principio, al comienzo; **species**—clase o tipo de animal que los científicos agrupan juntos porque comparten las mismas características; **cavity**—lugar hueco o agujero; **suburbs**—área de hogares, tiendas y comercios que están cerca o al lado de una ciudad o zona urbana; **clamor**—ruido fuerte que generalmente dura mucho tiempo.

Por favor repase con su hijo(a) las siguientes palabras para deletrear para la próxima semana: mouse, count, mouth, south, bound, gown, crown, brown, frown, crowd, flowerpot, house, throughout, surrounds, found.

Copyright © SRA/McGraw-Hill. Permission is granted to reproduce this page for classroom use.

Urban Roosts: Where Birds Nest in the City

A message from ______________________________

As part of our unit on city wildlife, our class has read another article, titled "Urban Roosts: Where Birds Nest in the City." The article describes the numerous species of birds that live in cities, and tells some of the unusual and unexpected places they nest. Ask your child to tell you more about this article.

You and your child might enjoy helping the birds that live in your area. You can put out nesting materials to help birds build their nests. Here are some suggestions.

Nesting Materials for Birds

You will need:

mesh bag
pieces of string or yarn, grass, or cotton balls
string

What to do:

1. Hang a mesh onion bag, mesh potato bag, or other netlike bag from a tree branch.
2. Fill it with nesting materials, such as short pieces of string or yarn, dried grass, or cotton balls.

OR

3. Hang a pine cone from a tree branch, and tie pieces of string and yarn to it.

Next week's selection ***Two Days in May***

Your child will be studying the following vocabulary words in the upcoming week. Please review the meanings of these words with your child: **does**—female deer; **bucks**—male deer; **territory**—an area belonging to a group; **organization**—a group; association; society; **relocates**—moves to a different place; **population**—the total number of inhabitants of a given area.

Please review with your child the spelling words for the upcoming week: boy, enjoy, broil, loyal, oil, boil, soil, coil, coin, join, destroy, poison, royal, point, voices.

Copyright © SRA/McGraw-Hill. Permission is granted to reproduce this page for classroom use.

Urban Roosts: Where Birds Nest in the City

Un mensaje de ______________________________

Como parte de nuestra unidad sobre la fauna silvestre de la ciudad, nuestra clase ha leído otro artículo titulado "Urban Roosts: Where Birds Nest in the City". El artículo describe las numerosas especies de pájaros que viven en la ciudad y describe algunos de los inusuales e inesperados lugares en donde anidan. Pida a su hijo(a) que le cuente más sobre este artículo.

Para disfrutar, usted y su hijo(a) pueden ayudar a los pájaros que viven en su área. Podrían poner afuera materiales para ayudar a los pájaros a hacer nidos en la primavera, cuando los pájaros usualmente construyen sus nidos. Aquí hay algunas sugerencias.

Material para nidos de pájaros

Necesita:
una bolsa de malla
pedazos de cuerda o lana, yerba seca o bolitas de algodón
cuerda

Qué hacer:

1. Cuelgue una bolsa de malla de cebollas, papas o cualquier otra malla, de una rama de un árbol.
2. Rellénela con material para nidos como pequeños pedazos de cuerda o lana, yerba seca o bolitas de algodón.

O

3. Cuelgue un cono de la rama de un árbol y ate pedazos de cuerda o lana a ésta.

La selección de la próxima semana *Two Days in May*

Su hijo(a) va a estudiar las siguientes palabras de vocabulario durante la próxima semana. Por favor repase el significado de estas palabras con su hijo(a): **does**—ciervo hembra; **bucks**—ciervo macho; **territory**—área que pertenece a un grupo; **organization**—un grupo, asociación o sociedad; **relocates**—se muda a un lugar diferente; **population**—número total de habitantes de un zona particular.

Por favor repase con su hijo(a) las siguientes palabras para deletrear para la próxima semana: boy, enjoy, broil, loyal, oil, boil, soil, coil, coin, join, destroy, poison, royal, point, voices.

Copyright © SRA/McGraw-Hill. Permission is granted to reproduce this page for classroom use.

A message from ______________________

Your child's class has just finished reading the story "Two Days in May." It's a story based on a true event that happened in Chicago in 1996. A family of deer wandered into the middle of a garden in the city searching for food. The neighbors worked together to save the deer and even spent a night camping outside with the deer to keep them safe. Ask your child to tell you more about the story.

In this story, neighbors worked together to protect wildlife that had been pushed into the city because its habitat had been destroyed. Discuss with your child how wildlife and people affect one another, whether people have a responsibility to protect wildlife, and what people can do to protect it. If you wish, you and your child can explore the subject further by checking out books on wildlife conservation or obtaining information from conservation organizations on how to become involved in protecting and learning about wildlife. Use the space here to record information from your discussion or information search.

____

____

____

____

____

____

____

____

____

Next week's selection ***Secret Place***

Your child will be studying the following vocabulary words in the upcoming week. Please review the meanings of these words with your child: **shallow**—not deep; **concrete**—a hard building material; **slopes**—upward or downward slants; **plumes**—long feathers; **shadowed**—covered in shadow; partially hidden; **wilderness**—an area undisturbed by human activity.

Please review with your child the spelling words for the upcoming week: noisy, choice, grouch, growl, puddle, dirt, pear, corner, rare, return, clouds, tangled, cradle, noise, jangled.

Copyright © SRA/McGraw-Hill. Permission is granted to reproduce this page for classroom use.

Un mensaje de ______________________________

La clase de su hijo(a) ha terminado de leer el cuento "Two Days in May". Es una historia basada en un hecho real que ocurrió en Chicago en 1996. Una familia de ciervos se metió en medio de un jardín de la ciudad buscando comida. Los vecinos trabajaron juntos para salvar a los ciervos e incluso pasaron una noche acampando afuera con los ciervos para mantenerlos a salvo. Pida a su hijo(a) que le cuente más sobre la historia.

En esta historia, los vecinos trabajaron juntos para proteger la fauna y flora que había sido empujada a la ciudad porque su hábitat había sido destruido. Hable con su hijo(a) los sobre ú como la fauna y la flora y la gente se afectan mutuamente, si la gente tiene la responsabilidad de proteger la fauna y la flora y qué puede hacer la gente para protegerlas. Si lo desea, su hijo(a) y usted pueden explorar el tema más profundamente sacando libros sobre la preservación de la flora y fauna o consiguiendo información sobre organizaciones dedicadas a la preservación y cómo participar protegiendo y aprendiendo sobre la flora y la fauna. Use el siguiente espacio para anotar información de su discusión o búsqueda de información.

____

____

____

____

____

____

____

____

La selección de la próxima semana ***Secret Place***

Su hijo(a) va a estudiar las siguientes palabras de vocabulario durante la próxima semana. Por favor repase el significado de estas palabras con su hijo(a): **shallow**—que no es profundo; **concrete**—material de construcción duro; **slopes**—inclinación hacia arriba o hacia abajo; **plumes**—plumas largas; **shadowed**—cubierto en sombra, escondido parcialmente; **wilderness**—área no disturbada por la actividad humana.

Por favor repase con su hijo(a) las siguientes palabras para deletrear para la próxima semana: noisy, choice, grouch, growl, puddle, dirt, pear, corner, rare, return, clouds, tangled, cradle, noise, jangled.

Copyright © SRA/McGraw-Hill. Permission is granted to reproduce this page for classroom use.

A message from ______________________________

Your child's class has just finished reading the story "Secret Place." It's the story of a boy who finds a hidden spot in the middle of the city where many different types of wildlife live. A few other people know about the place and teach the boy about the different types of wildlife that live there. Ask your child to tell you more about the story.

You and your child might wish to explore your neighborhood looking for hidden spots where different types of wildlife thrive. Rivers, streams, and vacant lots can all serve as habitat to different types of wildlife. Observe and identify as many different types of wildlife as you can in your own "secret place."

Description of location:

____

____

Types of wildlife observed:

____

____

____

____

____

Copyright © SRA/McGraw-Hill. Permission is granted to reproduce this page for classroom use.

Un mensaje de ______________________________

La clase de hijo(a) ha terminado de leer "Secret Place". Es una historia de un niño que descubre un lugar escondido en el medio de la ciudad, donde viven muchos tipos de flora y fauna. Algunas otras personas saben del lugar y enseñan al niño sobre los diferentes tipos de flora y fauna que vive allí.

Puede que su hijo(a) y usted deseen explorar su vecindario en busca de lugares escondidos donde prosperan diferentes tipos de flora y fauna. Los ríos, arroyos y lotes de terreno vacíos pueden ser hábitats de diferentes tipos de flora y fauna. Observen e identifiquen tantos tipos diferentes de flora y fauna como puedan en su "lugar secreto".

Descripción del lugar:

____

____

Tipos de flora y fauna observados:

____

____

____

____

____

Copyright © SRA/McGraw-Hill. Permission is granted to reproduce this page for classroom use.

Imagination

A message from ______________________________

The unit our class is now reading is about imagination. Students will be reading stories, poems, fables, and a short biography—all exploring the ways people use their senses and imagination. Readings in this unit will include the well-known fairy tale about the emperor's new clothes. Students will also read a story about how a person "sees" without using his eyes, a story about an imaginative place that a group of children actually created, and a children's biography about Picasso.

You can help your child explore the concept of imagination by reading aloud books and poems, by listening to books on tape, or by playing music together. It may also be helpful to encourage your child to express herself or himself in new ways through writing, art, music, dance, or drama.

Listed below are some books about people using their imagination and senses. These books should be available at the public library. Add to this list other books that you and your child find together.

The Science Book of Senses by Neil Ardley. This book gives instructions for simple experiments that explain how the senses work.

A Girl Named Helen Keller by Margo Lundell. Young readers will enjoy this remarkable story about Helen Keller, who was blind and deaf, and her teacher, Anne Sullivan.

Next week's selection ***Through Grandpa's Eyes***

Your child will be studying the following vocabulary words in the upcoming week. Please review the meanings of these words with your child: **carved**—cut carefully; **burrow**—to make a snug, warm place, usually deep and narrow like a tunnel that a rabbit or gopher digs; **exercises**—physical activities for the sake of fitness; **bow**—a wooden rod with horsehairs stretched from end to end used in playing a stringed instrument; **imitating**—being or appearing like; mimicking; **sculpture**—a statue or other art object that is carved or shaped in three dimensions and not flat like a painting.

Please review with your child the spelling words for the upcoming week: flame, blaze, spade, fail, mail, stain, play, away, plate, raise, clay, rain, awake, face, chain.

Copyright © SRA/McGraw-Hill. Permission is granted to reproduce this page for classroom use.

Un mensaje de ______________________________

La unidad que vamos a leer en clase trata sobre la imaginación. Los estudiantes van a leer historias, poemas, fábulas y una corta biografía—para explorar las maneras en que la gente usa los sentidos y la imaginación. Las lecturas en esta unidad incluirán el famoso cuento de hadas sobre la ropa nueva del emperador. Los estudiantes también leerán una historia sobre cómo una persona "ve" sin usar los ojos, una historia sobre un lugar imaginario creado por un grupo de niños y una biografía de Picasso para niños.

Para ayudar a su hijo(a) a explorar el concepto de imaginación, usted puede leer libros y poemas en voz alta y escuchar libros en casetes o tocar música juntos. También podría ser útil animar a su hijo(a) a expresarse de diferentes maneras a través de la escritura, música, arte, danza o drama.

Aquí tiene usted una lista de libros sobre gente que usa la imaginación y los sentidos. Estos libros deben estar disponibles en la biblioteca pública. Añada a la lista otros libros que usted y su hijo(a) encuentren juntos.

The Science Book of Senses por Neil Ardley. Este libro provee instrucciones para experimentos simples que explican cómo funcionan los sentidos.

A Girl Named Helen Keller por Margo Lundell. Los jóvenes lectores disfrutarán de esta increíble historia sobre Helen Keller, que es ciega y sorda y su maestra Ann Sullivan.

La selección de la próxima semana ***Through Grandpa's Eyes***

Su hijo(a) va a estudiar las siguientes palabras de vocabulario durante la próxima semana. Por favor repase el significado de estas palabras con su hijo(a): **carved**—cortado cuidadosamente; **burrow**—crear un lugar ajustado, cálido, generalmente profundo y estrecho como un túnel que cava un conejo o ardilla de tierra; **exercises**—actividades corporales para estar en forma; **bow**—palo de madera con cerdas de caballo de un extremo al otro que se usa para tocar un instrumento de cuerda; **imitating**—ser o parecer, copiar; **sculpture**—estatua u otro objeto artístico que se talla o forma en tres dimensiones y que no es plano como un cuadro.

Por favor repase con su hijo(a) las siguientes palabras para deletrear para la próxima semana: flame, blaze, spade, fail, mail, stain, play, away, plate, raise, clay, rain, awake, face, chain.

Copyright © SRA/McGraw-Hill. Permission is granted to reproduce this page for classroom use.

A message from ______________________________

We have just finished reading the story "Through Grandpa's Eyes." In this story, a young boy learns to see his surroundings in a new way from his blind grandfather who has his own way of seeing. Ask your child to tell you more about this story.

You can help your child explore his or her surroundings by using the senses and imagination. You and your child might go to a local park and sit on a bench with your eyes closed. Without looking at your surroundings or talking, concentrate on listening to the sound of birds or insects, feeling the sun or wind on your skin, and smelling the scent of grass or a nearby tree. After you've taken a few minutes to concentrate and use your senses to explore your surroundings, open your eyes. Have a paper and pencil handy to write down a description of what you heard, felt, and smelled. Be imaginative in your descriptions. Share them with each other.

____

____

____

____

____

____

____

____

____

____

Next week's selection ***The Cat Who Became a Poet***

Your child will be studying the following vocabulary words in the upcoming week. Please review the meanings of these words with your child: **poet**—person who writes or composes poems; **nibbling**—taking small bites; **alarm**—sudden fear; a sense of danger; **temperature**—degree of hotness or coldness measured with a thermometer; **commanded**—ordered; **burglars**—people who steal; thieves.

Please review with your child the spelling words for the upcoming week: neat, deal, clean, please, beast, keep, street, seen, easy, creek, tree, real, feel, hearing, eat.

Copyright © SRA/McGraw-Hill. Permission is granted to reproduce this page for classroom use.

Un mensaje de ______________________

Hemos terminado de leer "Through Grandpa's Eyes". En esta historia, un niño aprende a percibir sus alrededores de una nueva manera a través de su abuelo, que por ser ciego tiene su propia manera de ver. Pida a su hijo(a) que le cuente un poco más sobre esta historia.

Para ayudar a su hijo(a) a explorar sus alrededores, use los sentidos y la imaginación. Usted y su hijo(a) podrían ir a un parque local y sentarse en una banca con los ojos cerrados. Sin ver a su alrededor y sin hablar, concéntrense y escuchen los sonidos de los pájaros o de los insectos, sientan el sol o el viento que roza su piel, sientan el olor de la yerba o de un árbol cercano. Luego de unos minutos de concentración y de uso de los sentidos para explorar sus alrededores, abran los ojos. Tenga a la mano papel y lápiz para anotar una descripción de lo que oyeron, sintieron y olieron. Sean creativos en sus descripciones. Compartan las descripciones el uno con el otro.

____

____

____

____

____

____

____

____

____

____

La selección de la próxima semana ***The Cat Who Became a Poet***

Su hijo(a) va a estudiar las siguientes palabras de vocabulario durante la próxima semana. Por favor repase el significado de estas palabras con su hijo(a): **poet**—persona que escribe o compone poemas; **nibbling**—dar pequeños mordiscos; **alarm**—miedo repentino, sensación de peligro; **temperature**—estado de calor o frío que se mide con un termómetro; **commanded**—ordenó; **burglars**—personas que roban.

Por favor repase con su hijo(a) las siguientes palabras para deletrear para la próxima semana: neat, deal, clean, please, beast, keep, street, seen, easy, creek, tree, real, feel, hearing, eat.

Copyright © SRA/McGraw-Hill. Permission is granted to reproduce this page for classroom use.

A message from ______________________________

Your child's class has just read "The Cat Who Became a Poet," a fantasy about the purpose of poetry and being a poet. As the cat in the story says, "Perhaps all this poetry stuff is just the world's way of talking about itself." Ask your child to tell you the rest of the story.

At one point in this fantasy, a character tells the cat that once poetry gets in your blood you're stuck with it for the rest of your life. Ask your child to tell you about an activity that he or she loves so much that, like poetry, it must be "in your blood." It might be an activity such as drawing, playing a musical instrument, dancing, writing, or acting in plays. Or, it might be a sport, a craft, or a hobby. Then ask your child to use this page to write down why he or she loves the activity so much. Encourage your child to bring this page to school to share with classmates.

It's in My Blood!

____

____

____

____

____

____

____

____

____

Next week's selection *A Cloak for the Dreamer*

Your child will be studying the following vocabulary words in the upcoming week. Please review the meanings of these words with your child: **fabric**—material used to make clothing; **pattern**—the way in which things are placed; **rectangle**—a four-sided shape with four right angles; **diagonal**—a line connecting two opposite angles on a four-sided shape; **triangles**—three-sided shapes with three angles; **hexagons**—six-sided shapes with six angles.

Please review with your child the spelling words for the upcoming week: line, pipe, wise, smile, glide, high, sigh, fright, sight, light, night, time, right, wide, fine.

Copyright © SRA/McGraw-Hill. Permission is granted to reproduce this page for classroom use.

Un mensaje de ____________________

Su hijo(a) ha leído "The Cat Who Became a Poet", una fantasía sobre el propósito de la poesía y el ser poeta. Como dice el gato de la historia, "Quizás este asunto de la poesía es simplemente la manera en que el mundo habla de sí mismo". Pida a su hijo(a) que le cuente el resto de la historia.

En cierto punto de la fantasía, uno de los personajes le dice al gato que una vez que la poesía se mete en la sangre, estás atado a ésta para el resto de tu vida. Pida a su hijo(a) que le cuente de alguna actividad que le encante, "que esté en su sangre" como la poesía. Esta actividad podría ser dibujar, tocar un instrumento musical, bailar, escribir o actuar en una pieza de teatro. O podría ser un deporte, un trabajo manual o un pasatiempo. Luego pida a su hijo(a) que utilice esta página para escribir el porqué a él o a ella le encanta tanto esa actividad. Anime a su hijo(a) a que traiga esta página a la escuela para compartirla con sus compañeros.

¡Está en mi sangre!

____

____

____

____

____

____

____

____

____

La selección de la próxima semana ***A Cloak for the Dreamer***

Su hijo(a) va a estudiar las siguientes palabras de vocabulario durante la próxima semana. Por favor repase el significado de estas palabras con su hijo(a): **fabric**—material que se usa para hacer ropa; **pattern**—la manera en la que se colocan las cosas; **rectangle**—una figura de cuatro lados con cuatro ángulos rectos; **diagonal**—una línea que conecta dos ángulos opuestos de una figura de cuatro lados; **triangles**—figuras de tres lados con tres ángulos; **hexagons**—figuras de seis lados con seis ángulos.

Por favor repase con su hijo(a) las siguientes palabras para deletrear para la próxima semana: line, pipe, wise, smile, glide, high, sigh, fright, sight, light, night, time, right, wide, fine.

Copyright © SRA/McGraw-Hill. Permission is granted to reproduce this page for classroom use.

A Cloak for the Dreamer

A message from ______________________________

Your child's class has just finished reading the story "A Cloak for the Dreamer." This story is about a tailor and his three sons. Two sons want to be tailors, too, and learn to sew beautiful cloaks. One son dreams of traveling to faraway places, and though he tries to sew to make his father happy, his sewing serves only to reveal his need to travel. The family must then get together to decide how to help their little dreamer on the journey he will take. Ask your child to tell you more about the story.

In this story, one child's imagination leads him on a journey, and a family uses their imagination to make a beautiful, heartfelt gift to help him. They create a cloak out of the colors of the boy's dreams. With your child, plan a drawing for a family member or special friend. What colors represent that person's dreams or goals? What shapes might represent that person's dreams or goals? After discussing these things, your child can draw a picture of a cloak for that person, using the colors and shapes you discussed together.

____

____

____

____

____

____

____

____

Next week's selection *Picasso*

Your child will be studying the following vocabulary words in the upcoming week. Please review the meanings of these words with your child: **encouraged**—urged on; gave hope or confidence to; **style**—a way of doing something; **controversial**—causing a disagreement, argument, or public dispute; **monuments**—buildings, statues, or special structures that are made to honor a person or event; **originality**—ability to create something new, unusual, or different; **scenery**—painted scenes or hangings on a theatre stage.

Please review with your child the spelling words for the upcoming week: cone, vote, spoke, froze, chose, coal, goal, soap, choke, goat, old, most, noses, alone, over.

Copyright © SRA/McGraw-Hill. Permission is granted to reproduce this page for classroom use.

Un mensaje de ______________________________

La clase de su hijo(a) ha terminado de leer la historia "A Cloak for the Dreamer". La historia trata de un sastre y sus tres hijos. Dos de los hijos quieren ser también sastres y aprender a coser hermosas capas. Uno de los hijos sueña con viajar a lugares lejanos, y aunque trata de coser para contentar a su padre, cuando cose sólo sirve para demostrar su necesidad de viajar. La familia debe entonces reunirse y decidir como ayudar al pequeño soñador en su viaje. Pida a su hijo(a) que le cuente más sobre la historia.

En esta historia, la imaginación de un niño le lleva a un viaje y la familia usa su imaginación para hacerle un hermoso y cariñoso regalo. Crean una capa hecha de los colores de los sueños del niño. Planee con su hijo(a) hacer un dibujo para un pariente o un amigo especial. ¿Qué colores representan los sueños u objetivos de la persona? ¿Qué figuras pueden representar los sueños u objetivos de la persona? Después de hablar de estas cosas, su hijo(a) puede hacer un dibujo de una capa para esa persona, usando los colores y figuras de las que hablaron.

____

____

____

____

____

____

____

____

La selección de la próxima semana *Picasso*

Su hijo(a) va a estudiar las siguientes palabras de vocabulario durante la próxima semana. Por favor repase el significado de estas palabras con su hijo(a): **encouraged**—dio ánimo, dio esperanza o seguridad; **style**—una manera de hacer algo; **controversial**—algo que ocasiona un desacuerdo, discusión o disputa pública; **monuments**—edificios, estatuas o estructuras especiales que se hacen para homenajear a una persona o suceso; **originality**—habilidad de crear algo nuevo, inusual o diferente; **scenery**—escena pintadas o colgantes en un escenario de teatro.

Por favor repase con su hijo(a) las siguientes palabras para deletrear para la próxima semana: cone, vote, spoke, froze, chose, coal, goal, soap, choke, goat, old, most, noses, alone, over.

Copyright © SRA/McGraw-Hill. Permission is granted to reproduce this page for classroom use.

A message from ____________________

As part of our unit on imagination, our class has read a biography titled "Picasso." This selection describes Picasso's life and how, because he had so many imaginative ideas, his painting style changed several times during his long career. The selection includes reproductions of a number of Picasso's paintings. Ask your child to tell you more about this artist and show you the pictures.

An important style of painting that Picasso developed is cubism, in which an object looks like it has been broken up into cubes and then put back together in a different way. You and your child might enjoy experimenting with this technique. Following are directions for making your own cubist pictures.

Cubist Pictures

You will need:

pictures from old magazines that you can cut up
construction paper
scissors
glue

What to do:

1. Look through the magazines and find a large, colorful picture of an object or a person's face.
2. Cut the picture into many squares of different sizes.
3. Put a piece of construction paper on a table.
4. Put all the squares on the construction paper and move them around to create a design you like.
5. When you are satisfied with your design, paste the pieces onto the construction paper.

Next week's selection ***The Emperor's New Clothes***

Your child will be studying the following vocabulary words in the upcoming week. Please review the meanings of these words with your child: **wardrobe**—a collection of clothes; **finery**—dressy or showy clothing; **procession**—a group moving along in an orderly, ceremonial way; **garments**—articles of clothing; **royal**—owned by a king or queen; **scholars**—people who have learned a great deal about a subject.

Please review with your child the spelling words for the upcoming week: moon, cute, loose, scoop, choose, dune, flute, chew, few, grew, new, noon, rule, fool, looms.

Copyright © SRA/McGraw-Hill. Permission is granted to reproduce this page for classroom use.

Un mensaje de ______________________________

Como parte de nuestra unidad sobre la imaginación, nuestra clase ha leído una biografía titulada "Picasso". Esta selección describe la vida de Picasso y cómo, debido a su gran imaginación, su estilo en la pintura cambió tantas veces durante su larga carrera artística. La selección incluye reproducciones de algunas pinturas de Picasso. Pida a su hijo(a) que le cuente más sobre este artista y que le muestre las pinturas.

Un importante estilo de pintura de Picasso dio inicio al cubismo, en el que un objeto parece que se hubiera roto en cubos y vuelto a armar de diferentes maneras. Para disfrutar, usted y su hijo(a) pueden experimentar con esta técnica. Aquí están las instrucciones para hacer sus propias figuras cubistas.

Figuras cubistas

Necesita:

fotos de una revista vieja que se pueda recortar
papel grueso
tijeras
pegamento

Qué hacer:

1. Revise las revistas y busque una foto grande de un objeto o la cara de una persona.
2. Corte la foto en muchos cuadrados de diferentes tamaños.
3. Ponga una hoja de papel grueso sobre la mesa.
4. Ponga todos los cuadrados en el papel grueso y muévalos alrededor para crear un diseño que le guste.
5. Cuando esté satisfecho con su diseño, pegue las piezas en el papel grueso.

La selección de la próxima semana ***The Emperor's New Clothes***

Su hijo(a) va a estudiar las siguientes palabras de vocabulario durante la próxima semana. Por favor repase el significado de estas palabras con su hijo(a): **wardrobe**—grupo de ropa; **finery**—ropa de vestir o que llama la atención; **procession**—un grupo que se mueve de una forma ordenada y ceremonial; **garments**—artículos de vestir; **royal**—que pertenece a un rey o reina; **scholars**—personas que han aprendido mucho sobre un tema.

Por favor repase con su hijo(a) las siguientes palabras para deletrear para la próxima semana: moon, cute, loose, scoop, choose, dune, flute, chew, few, grew, new, noon, rule, fool, looms.

Copyright © SRA/McGraw-Hill. Permission is granted to reproduce this page for classroom use.

A message from ____________________

Your child's class has just finished reading the story "The Emperor's New Clothes." This story is a modern retelling of a Hans Christian Andersen tale. The story is about an emperor who worries too much about his clothes. His desire to have the perfect thing to wear so people will respect him as a ruler makes him vulnerable to the tricks of two dishonest weavers. Ask your child to tell you more about the story.

This story is a humorous, modern version of a classic tale. You and your child might wish to explore other fairy tales, both classic and modern. As you read, discuss with your child what the stories teach about imagination. Keep track of the tales you read and the lessons they teach about imagination here.

____

____

____

____

____

____

____

____

____

____

____

Next week's selection ***Roxaboxen***

Your child will be studying the following vocabulary words in the upcoming week. Please review the meanings of these words with your child: **ford**—to cross by wading; **traced**—formed carefully; sketched; **mayor**—the chief elected official of a city; **decorated**—added ornamentation; adorned; **blossomed**—bloomed; produced flowers; **bordering**—lying on the edge of.

Please review with your child the spelling words for the upcoming week: made, note, sail, boat, use, soon, bright, pool, open, each, became, like, reach, stone, jewels.

Copyright © SRA/McGraw-Hill. Permission is granted to reproduce this page for classroom use.

Un mensaje de ______________________

La clase de su hijo(a) ha terminado de leer la historia "The Emperor's New Clothes". Esta historia es el relato de Hans Christian Andersen contado de nuevo. La historia trata de un emperador que se preocupa demasiado de su ropa. Su deseo de llevar la ropa perfecta para que la gente lo respete como gobernante le hace vulnerable a los trucos de dos tejedores deshonestos. Pida a su hijo(a) que le cuente mas sobre la historia.

Esta historia es una versión graciosa y moderna del relato clásico. Puede que su hijo(a) y usted quieran explorar otros cuentos de hadas clásicos y modernos. Mientras lee, hable con su hijo(a) de lo que las historias enseñan sobre la imaginación. Anote los relatos que lea y las lecciones que le enseñan sobre la imaginación a continuación.

____

____

____

____

____

____

____

____

____

____

____

La selección de la próxima semana ***Roxaboxen***

Su hijo(a) va a estudiar las siguientes palabras de vocabulario durante la próxima semana. Por favor repase el significado de estas palabras con su hijo(a): **ford**—cruzar vadeando; **traced**—formado con cuidado, delineado; **mayor**—el oficial elegido principal de una ciudad; **decorated**—ornamentado, adornado; **blossomed**—floreció, produjo flores; **bordering**—estar al filo de.

Por favor repase con su hijo(a) las siguientes palabras para deletrear para la próxima semana: made, note, sail, boat, use, soon, bright, pool, open, each, became, like, reach, stone, jewels.

Copyright © SRA/McGraw-Hill. Permission is granted to reproduce this page for classroom use.

A message from ____________________

Our students have read a story called "Roxaboxen." This is the story of a group of real children who used their imaginations to turn stones, boxes, and other discarded junk into their own magical "town." Ask your child to tell you about the story.

You and your child can have fun using your imaginations in a similar way. Together, think of a list of objects whose shapes, sizes, or colors make them—with a bit of imagination—look like something else. For example, some people imagine an earthmover looks like a dinosaur and certain bales of hay look like loaves of bread. Encourage your child to bring the list to school to share and discuss with the class.

What the Real Object Is	What I Imagine It Looks Like

Copyright © SFA/McGraw-Hill. Permission is granted to reproduce this page for classroom use.

Un mensaje de ____________________

Nuestros estudiantes han leído una historia llamada "Roxaboxen". Ésta es una historia de un grupo de niños que en la realidad usó su imaginación para transformar piedras, cajas y otros materiales de desecho en su "pueblo" mágico. Pida a su hijo(a) que le cuente más sobre la historia.

Usted y su hijo(a) se podrían divertir usando la imaginación de una manera similar. Juntos, piensen en una lista de objetos cuyas formas, tamaños o colores los hagan—con un poquito de imaginación—verse como otra cosa. Por ejemplo, algunas personas imaginan que una excavadora de tierra se mueve como un dinosaurio y ciertas balas de heno parecen hogazas de pan. Anime a su hijo(a) a traer la lista a la escuela para compartirla y discutirla con los compañeros.

Lo que el objeto es en realidad	Lo que me imagino que puede ser

Copyright © SRA/McGraw-Hill. Permission is granted to reproduce this page for classroom use.

A message from ______________________

The unit our class is now reading is about money. Students will be reading stories, poems, and articles that explore the history of money, how money affects people, and the different ways people earn, save, and spend money. Students will read a story about people bartering instead of using money, another story about learning to save money, and a humorous story about the importance of paying a debt. They will also read about children who started their own businesses.

You can help your child by discussing your family values in relation to money and by encouraging your child to learn the basics of managing his or her own money. The following books explore some of the ideas your child will be learning about in this unit. You and your child will find these, and similar books, in your local library.

Round and Round the Money Goes: What Money Is and How We Use It by Melvin and Gilda Berger. This book discusses how the practice of using coins and paper money evolved, and explains the circle money travels.

Sam and the Lucky Money by Karen Chinn. As Sam searches the streets of Chinatown for ways to spend his four dollars, he meets a stranger in need.

The Kids' Allowance Book by Amy Nathan. A lighthearted yet informative guide on allowances from the kids' point of view.

Next week's selection ***A New Coat for Anna***

Your child will be studying the following vocabulary words in the upcoming week. Please review the meanings of these words with your child: **remained**—stayed the same; **bolt**—a roll of cloth or wallpaper; **weaver**—a person who uses strands of yarn to make a piece of cloth; **strung**—stretched from one place to another; **wound**—wrapped around and around.

Please review with your child the spelling words for the upcoming week: better, letter, potter, rubber, soccer, ladder, hammer, scatter, dinner, slippers, tomorrow, summer, pretty, button, happy.

Copyright © SRA/McGraw-Hill. Permission is granted to reproduce this page for classroom use.

Un mensaje de ______________________________

La unidad que nuestra clase va a leer trata sobre el dinero. Los estudiantes leerán cuentos, poemas y artículos que exploran la historia del dinero, cómo afecta el dinero a la gente y las diferentes maneras en que la gente gana, ahorra y gasta el dinero. Los estudiantes leerán un cuento sobre gente que hace trueque en vez de usar dinero, otro cuento sobre el aprender a ahorrar dinero y un cuento humorístico sobre la importancia de pagar deudas. Los estudiantes también leerán sobre niños que comienzan su propio negocio.

Usted puede ayudar a su hijo(a) a hablar de los valores de la familia con relación al dinero y a animarlo(a) a aprender las bases para administrar su propio dinero. Los siguientes libros exploran algunas ideas que su hijo(a) aprenderá en esta unidad. Usted y su hijo(a) encontrarán estos y otros libros en la biblioteca pública local.

Round and Round the Money Goes: What Money is and How We Use It por Melvin y Gilda Berger. En este libro se discute cómo evolucionó la práctica de usar monedas y billetes, y explica el círculo en el que viaja el dinero.

Sam and the Lucky Money por Karen Chinn. Mientras Sam busca la manera de gastar sus cuatro dólares en las calles del barrio chino, él se encuentra con un hombre necesitado.

The Kids' Allowance Book por Amy Nathan. Una alegre e informativa guía de dinero de bolsillo desde el punto de vista de los niños.

La selección de la próxima semana ***A New Coat for Anna***

Su hijo(a) va a estudiar las siguientes palabras de vocabulario durante la próxima semana. Por favor repase el significado de estas palabras con su hijo(a): **remained**—permaneció igual; **bolt**—rollo de tela o papel de empapelar; **weaver**—persona que usa hebras de hilo para hacer un pedazo de tela; **strung**—estirado de un lugar a otro; **wound**—envuelto una y otra vez.

Por favor repase con su hijo(a) las siguientes palabras para deletrear para la próxima semana: better, letter, potter, rubber, soccer, ladder, hammer, scatter, dinner, slippers, tomorrow, summer, pretty, button, happy.

Copyright © SRA/McGraw-Hill. Permission is granted to reproduce this page for classroom use.

A message from ______________________________

Our class has just finished reading a story called "A New Coat for Anna." This is the story of a mother who uses bartering in some very creative ways to get a new coat for her daughter. Ask your child to tell you about the story.

To help your child understand the concept of bartering, discuss an exchange of services with her or him. In this arrangement, your child agrees to complete certain jobs in your home in exchange for special privileges, such as an extra hour of free time before bed. Record the agreement on the chart below and hang it in a convenient place in your home.

Agreement to Barter

Jobs	Special Privileges

Next week's selection ***Alexander, Who Used to Be Rich Last Sunday***

Your child will be studying the following vocabulary words in the upcoming week. Please review the meanings of these words with your child: **tokens**—things that are a sign of something else, symbols; **rent**—to get the right to use in return for payment; **non-returnable**—something that cannot be taken or given back; **absolutely**—without any doubt; **positively**—for sure; certainly; confidently; **vanish**—disappear.

Please review with your child the spelling words for the upcoming week: spill, hill, gull, smell, mess, odd, add, cliff, mitt, fuzz, all, still, fall, till, guess.

Copyright © SRA/McGraw-Hill. Permission is granted to reproduce this page for classroom use.

Un mensaje de ______________________

Nuestra clase ha leído un cuento llamado “A New Coat for Anna”. Ésta es la historia de una madre que usa el trueque de maneras muy creativas para conseguir un abrigo nuevo para su hija. Pida a su hijo(a) que le cuente la historia.

Para ayudar a su hijo(a) a comprender el concepto de trueque, hable sobre un intercambio de servicios con él o ella. En este arreglo, su hijo(a) acepta hacer ciertos quehaceres en casa a cambio de unos privilegios especiales, como una hora extra antes de acostarse. Anote el acuerdo en la tabla de abajo y cuélguela en un lugar conveniente en su casa.

Acuerdo para trueque

Quehaceres	Privilegios especiales

La selección de la próxima semana ***Alexander, Who Used to Be Rich Last Sunday***

Su hijo(a) va a estudiar las siguientes palabras de vocabulario durante la próxima semana. Por favor repase el significado de estas palabras con su hijo(a): **tokens**—algo que es un marca de otra cosa, símbolo; **rent**—tener derecho a usar a cambio de pago; **non-returnable**—algo que no puede devolverse o darse; **absolutely**—sin ninguna duda; **positively**—con seguridad, con certeza, confiadamente; **vanish**—desaparecer.

Por favor repase con su hijo(a) las siguientes palabras para deletrear para la próxima semana: spill, hill, gull, smell, mess, odd, add, cliff, mitt, fuzz, all, still, fall, till, guess.

Copyright © SRA/McGraw-Hill. Permission is granted to reproduce this page for classroom use.

Alexander, Who Used to Be Rich Last Sunday

A message from ______________________________

Recently our students read "Alexander, Who Used to Be Rich Last Sunday." This is a story about a young boy who intended to save his money to buy a walkie-talkie, but discovered that a person can't spend and save at the same time. Ask your child to tell you what happens in this story.

To help your child understand the concept of saving money, discuss beginning a savings program that would be his or her own responsibility. Your child may wish to open a special savings account at a local bank designed to make saving easy and fun for younger children. Such an account can usually be opened for a deposit of $10.00, will not have any fees, and will often include special benefits. If you and your child would rather set up an informal savings arrangement at home with you as the banker, suggest that he or she be responsible for keeping a record similar to the one shown on this page. Discuss the different column headings with your child.

Personal Savings Account Record

Date	Explanation	Withdrawal (−)	Deposit (+)	Interest (+)	Balance $
		$	$	$	$

Next week's selection ***Kids Did It! in Business***

Your child will be studying the following vocabulary words in the upcoming week. Please review the meanings of these words with your child: **malfunction**—no longer work correctly; fail to operate; **merchandise**—goods that are bought and sold in business; **profitable**—gaining money after all the costs of doing business have been paid; **earnings**—amount made from work; **donates**—gives; contributes; **charity**—kindness or giving freely to others.

Please review with your child the spelling words for the upcoming week: he'll, she'll, we'll, I'd, we'd, they'll, you'd, that's, she'd, you'll, it's, she's, what's, I'm, can't.

Copyright © SRA/McGraw-Hill. Permission is granted to reproduce this page for classroom use.

Alexander, Who Used to Be Rich Last Sunday

Un mensaje de ______________________________

Recientemente, nuestros estudiantes leyeron "Alexander, Who Used to Be Rich Last Sunday". Éste es el cuento de un joven que intentaba ahorrar su dinero para comprar un *walkie-talkie*, pero descubrió que una persona no podía gastar y ahorrar dinero a la vez. Pida a su hijo(a) que le cuente lo que pasa en el cuento.

Para ayudar a su hijo(a) a comprender el concepto de ahorrar dinero, hablen sobre la posibilidad de comenzar un programa de ahorros que sería la responsabilidad de su hijo(a). Su hijo(a) puede optar por visitar un banco local y abrir una cuenta de ahorros especial diseñada para hacer de los ahorros algo fácil y divertido para los jóvenes. Una cuenta de este tipo se puede abrir con $10.00, no tendría costo alguno, y ofrecería beneficios especiales. Si usted y su hijo(a) prefieren abrir una cuenta de ahorros informal en casa actuando usted como banquero, sugiera que él o ella tenga la responsabilidad de mantener un registro similar al que se muestra en esta página. Comente con su hijo(a) los títulos de estas columnas.

Registro de la cuenta de ahorros personal

Fecha	Explicación	Retiro (-)	Depósito (+)	Interés (+)	Saldo $
		$	$	$	$

La selección de la próxima semana ***Kids Did It! in Business***

Su hijo(a) va a estudiar las siguientes palabras de vocabulario durante la próxima semana. Por favor repase el significado de estas palabras con su hijo(a): **malfunction**—que ya no funciona bien, no operativo; **merchandise**—mercancía que se compar y vende comercialmente; **profitable**—ganar dinero despues de que se hayan pagado todos los gastos de hacer negocios; **earnings**—cantidad ganada por trabajo; **donates**—dar, contribuir; **charity**—amabilidad o dar libremente a otros.

Por favor repase con su hijo(a) las siguientes palabras para deletrear para la próxima semana: he'll, she'll, we'll, I'd, we'd, they'll, you'd, that's, she'd, you'll, it's, she's, what's, I'm, can't.

Copyright © SRA/McGraw-Hill. Permission is granted to reproduce this page for classroom use.

A message from ______________________

As part of our unit on money, our class has read "Kids Did It! in Business," an article about four young people, each with her or his own business. Ranging in age from ten to eighteen, these young entrepreneurs are an inspiration to readers.

You and your child might enjoy brainstorming ideas for a business he or she could start to earn extra money. To stimulate ideas, ask your child to tell you more about the businesses that the young people in the article started. Then encourage him or her to use the space below to create a preliminary "business plan" by writing a paragraph to answer each of the following questions.

My Business Plan

I. What is the name of my business?

____

II. What type of business and what services will I offer?

____

____

III. Who will my customers be and why will they hire me?

____

____

IV. How much will I charge for my services?

____

____

Next week's selection ***The Cobbler's Song***

Your child will be studying the following vocabulary words in the upcoming week. Please review the meanings of these words with your child: **cobbler**—a person who makes or repairs shoes; **safekeeping**—guarding in safety; **workbench**—strong table used for working; **treasure**—something valuable; **mended**—fixed, repaired; **recognizing**—suddenly aware that someone or something is familiar.

Please review with your child the spelling words for the upcoming week: making, biting, diving, hiking, skated, prized, shaking, skating, hiding, shining, thinking, entered, opened, passing, safekeeping.

Copyright © SRA/McGraw-Hill. Permission is granted to reproduce this page for classroom use.

Un mensaje de ______________________________

Como parte de nuestra unidad sobre el dinero, nuestra clase ha leído "Kids Did It! in Business", un artículo sobre cuatro jóvenes, cada uno con su propio negocio. Estos jóvenes empresarios, entre las edades de diez y dieciocho años, son la inspiración de los lectores.

Para disfrutar, usted y su hijo(a) podrían pensar en ideas para un negocio que él o ella pudiera emprender para ganar dinero extra. Para estimular ideas, pida a su hijo(a) que le cuente más sobre los negocios que comenzaron los jóvenes en el artículo. Luego anímelo(a) a usar el espacio de abajo para crear un "plan de negocios" preliminar. Pídale que escriba un párrafo para responder a cada una de estas preguntas.

Mi plan de negocios

I. ¿Cómo se llama mi negocio?

____

II. ¿Qué tipo de negocio y qué servicios ofreceré?

____

____

III. ¿Quiénes serán mis clientes y por qué me contratarían?

____

____

IV. ¿Cuánto cobraré por mis servicios?

____

____

La selección de la próxima semana ***The Cobbler's Song***

Su hijo(a) va a estudiar las siguientes palabras de vocabulario durante la próxima semana. Por favor repase el significado de estas palabras con su hijo(a): **cobbler**—persona que hace o repara zapatos; **safekeeping**—guardar de forma segura; **workbench**—mesa fuerte para trabajar; **treasure**—algo valioso; **mended**—arreglado, reparado; **recognizing**—darse cuenta repentinamente que alguien o algo resulta familiar.

Por favor repase con su hijo(a) las siguientes palabras para deletrear para la próxima semana: making, biting, diving, hiking, skated, prized, shaking, skating, hiding, shining, thinking, entered, opened, passing, safekeeping.

Copyright © SRA/McGraw-Hill. Permission is granted to reproduce this page for classroom use.

A message from ____________________

We've just read "The Cobbler's Song," a fable about a hardworking, but happy, cobbler and his rich, but unhappy, neighbor. In this story, the cobbler discovers that he would rather be poor and happy than rich and worried about his money. Ask your child to tell you the story.

Discuss with your child the issue of money and happiness that the story raises. What does your child think? Is it better to be poor and happy? Or, is it better to be rich, but worried about someone stealing your money? Ask your child to write his or her thoughts on this page and bring it to school to share and discuss with classmates.

Rich and Unhappy or Poor and Happy?

____

____

____

____

____

____

____

____

____

Next week's selection ***Four Dollars and Fifty Cents***

Your child will be studying the following vocabulary words in the upcoming week. Please review the meanings of these words with your child: **blacksmith**—person who makes and repairs iron objects; **determined**—firm and unwilling to change; **decent**—fairly good, proper; **collecting**—getting payment for a debt; **volunteered**—offered to help or do something by choice and without pay.

Please review with your child the spelling words for the upcoming week: berries, bunnies, guppies, hobbies, pennies, puppies, ponies, babies, donkeys, families, dollars, horses, sleeves, cowboys, britches.

Copyright © SRA/McGraw-Hill. Permission is granted to reproduce this page for classroom use.

Un mensaje de ______________________________

Hemos terminado de leer "The Cobbler's Song", una fábula de un zapatero muy trabajador pero feliz y su vecino rico pero infeliz. En esta fábula, el zapatero descubre que prefiere ser pobre y feliz que rico y preocupado por su dinero. Pida a su hijo(a) que le cuente la historia.

Hable con su hijo(a) sobre los asuntos de dinero y felicidad que el cuento presenta. ¿Qué piensa su hijo(a)? ¿Es mejor ser pobre o rico? ¿O, es mejor ser rico y preocuparse porque alguien le va a robar el dinero? Pida a su hijo(a) que escriba sus pensamientos en esta página y la traiga a la escuela para compartirla con los compañeros.

¿Rico e infeliz o pobre y feliz?

____

____

____

____

____

____

____

____

____

La selección de la próxima semana ***Four Dollars and Fifty Cents***

Su hijo(a) va a estudiar las siguientes palabras de vocabulario durante la próxima semana. Por favor repase el significado de estas palabras con su hijo(a): **blacksmith**—persona que fabrica y repara objetos de hierro; **determined**—firme y sin ganas de cambiar; **decent**—bastante bueno, adecuado; **collecting**—obtener pago por una deuda; **volunteered**—que ha ofrecido ayudar o hacer algo por cuenta propia y sin recibir pago.

Por favor repase con su hijo(a) las siguientes palabras para deletrear para la próxima semana: berries, bunnies, guppies, hobbies, pennies, puppies, ponies, babies, donkeys, families, dollars, horses, sleeves, cowboys, britches.

Copyright © SRA/McGraw-Hill. Permission is granted to reproduce this page for classroom use.

Four Dollars and Fifty Cents

A message from ______________________________

Our class just read "Four Dollars and Fifty Cents," a humorous story about Shorty Long, a cowboy who owed everybody money. Ask your child to tell you the story.

One of the people Shorty owed money to was Widow Macrae, who baked the best biscuits west of the Rockies. You and your child might enjoy making your own biscuits. Here is a recipe for traditional baking powder biscuits.

Traditional Biscuits

Ingredients

2 cups all-purpose flour
1 teaspoon salt
3/4 cup milk (approximately)
1 tablespoon baking powder
1/4 cup shortening

Mix the flour, baking powder, and salt together in a bowl. Cut in the shortening with a pastry blender until mixture resembles crumbs. Make a hollow in the mixture and use a fork to stir in enough milk to make the dough soft. The dough should leave the sides of bowl and stick to the fork.

Turn the dough onto a lightly floured surface and knead it with the heels of your hands 15 times. Then pat the dough out with your hands until it is about 1/2" thick. Cut the dough into biscuits with a floured 2" biscuit cutter (or the floured rim of a drinking glass). Put the cutout biscuits on an ungreased baking sheet. Place them close together for soft-sided biscuits and about 1" apart for crusty sides. Bake them in a very hot oven (450°) for 10 to 12 minutes until golden brown. Serve at once. This makes 12 to 16 biscuits.

Next week's selection *The Go-Around Dollar*

Your child will be studying the following vocabulary words in the upcoming week. Please review the meanings of these words with your child: **circulation**—movement around many different places or people; **tender**—money, payment; **emblem**—sign or figure that stands for something; **formula**—set method for doing something; **pyramid**—object with triangular sides that meet at a point at the top; **official**—formal and proper.

Please review with your child the spelling words for the upcoming week: playground, underground, chalkboard, cardboard, spacewalk, sidewalk, rainbow, anything, campfire, eyelash, shoelaces, something, overprinting, neighborhood, sometimes.

Copyright © SRA/McGraw-Hill. Permission is granted to reproduce this page for classroom use.

Four Dollars and Fifty Cents

Un mensaje de ______________________________

Nuestra clase ha leído "Four Dollars and Fifty Cents", un cuento humorístico sobre Shorty Long, un vaquero que debía dinero a todo el mundo. Pida a su hijo(a) que le cuente la historia.

A una de las personas a quien Shorty le debía dinero era Widow Macrae, quien horneaba los mejores *biscuits* al oeste de la montañas Rocosas. Usted y su hijo(a) podrían disfrutar preparando sus propios *biscuits.* Aquí hay una receta para hacer *biscuits* tradicionales.

Biscuits tradicionales

Ingredientes:

2 tazas de harina de trigo
1 cucharadita de sal
3/4 de taza de leche (aproximadamente)
1 cucharada de polvo de hornear
1/4 de taza de manteca

Mezcle la harina, el polvo de hornear y la sal en un recipiente. Añada la manteca y córtela con un tenedor hasta que la mezcla tenga la consistencia de migas. Haga un hoyo en medio de la mezcla y use un tenedor para mezclar suficiente leche para hacer una masa suave. La masa debe desprenderse de los lados del recipiente y pegarse en el tenedor.

Ponga la masa en una superficie ligeramente enharinada y amase con las manos unas 15 veces. Luego golpee la masa con sus manos hasta que esté de más o menos 1/2 pulgada de grosor. Corte la masa con un cortador de galletas de 2" enharinado (o con el borde enharinado de un vaso de vidrio). Coloque los pedazos cortados en una lata de hornear sin engrasar. Colóquelos uno cerca del otro para obtener unos *biscuits* con bordes suaves, con una separación de aproximadamente 1", para obtener unos *biscuits* con bordes más crocantes. Hornéelos en un horno bien caliente (450°) de 10 a 12 minutos hasta que se doren. Sírvalos inmedi–atamente. Esta receta rinde de 12 a 16 *biscuits.*

La selección de la próxima semana ***The Go-Around Dollar***

Su hijo(a) va a estudiar las siguientes palabras de vocabulario durante la próxima semana. Por favor repase el significado de estas palabras con su hijo(a): **circulation**—movimiento alrededor de diferentes lugares o personas; **tender**—dinero, pago; **emblem**—signo o figura que significa algo; **formula**—método determinado de hacer algo; **pyramid**—objeto con lados triangulares que se encuentran en un punto en la parte superior; **official**—formal y correcto.

Por favor repase con su hijo(a) las siguientes palabras para deletrear para la próxima semana: playground, underground, chalkboard, cardboard, spacewalk, sidewalk, rainbow, anything, campfire, eyelash, shoelaces, something, overprinting, neighborhood, sometimes.

Copyright © SRA/McGraw-Hill. Permission is granted to reproduce this page for classroom use.

A message from ______________________________

Your child's class has just finished reading the story "The Go-Around Dollar." This story is about the journey a dollar might take as it passes from person to person. The selection also features factual information about how money is made and regulated. Ask your child to tell you more about the selection. Your child might enjoy the opportunity to show you what he or she has learned about paper money. Examine the illustration below and ask your child to tell you about the different items that appear on a dollar bill. He or she should be able to identify the following items: portrait, serial number, seal and letter of the Federal Reserve Bank. Your child should also be able to tell you the meaning of the phrase "legal tender."

Next week's selection ***Uncle Jed's Barbershop***

Your child will be studying the following vocabulary words in the upcoming week. Please review the meanings of these words with your child: **equipment**—tools and supplies for a given purpose; **sharecroppers**—people who farm someone else's land and are paid with a share of the crop; **exchange**—trade one thing for another; **delayed**—caused to wait; **examine**—look at in detail; **failing**—losing all its worth. Please review with your child the spelling words for the upcoming week: offer, winner, zipper, will, well, he'd, isn't, taking, monkeys, stitches, used, cutting, clippers, saving, died.

Copyright © SRA/McGraw-Hill. Permission is granted to reproduce this page for classroom use.

Un mensaje de ______

La clase de su hijo(a) ha terminado de leer la historia "The Go-Around Dollar". Esta historia trata del viaje que puede hacer un dólar cuando va de una persona a otra. Esta selección incluye también información verdadera sobre cómo se fabrica y regula el dinero. Puede que su hijo(a) disfrute de la oportunidad de mostrar lo que aprendió sobre el dinero en billetes. Examine la ilustración de más abajo y pida a su hijo(a) que le diga las diferentes cosas que aparece en un billete de un dólar. Su hijo(a) debe de identificar lo siguiente: retrato, número de serie, sello y letra del banco de la Reserva Federal. Su hijo(a) debe también ser capaz de explicar la frase "legal tender".

La selección de la próxima semana ***Uncle Jed's Barbershop***

Su hijo(a) va a estudiar las siguientes palabras de vocabulario durante la próxima semana. Por favor repase el significado de estas palabras con su hijo(a): **equipment**—herramientas y suministros para un propósito particular; **sharecroppers**—gente que cultiva la tierra de otro y a la que se les paga con un parte de la cosecha; **exchange**—cambiar una cosa por otra; **delayed**—hizo que esperara; **examine**—mirar con atención; **failing**—que pierde todo su valor.

Por favor repase con su hijo(a) las siguientes palabras para deletrear para la próxima semana: offer, winner, zipper, will, well, he'd, isn't, taking, monkeys, stitches, used, cutting, clippers, saving, died.

Copyright © SRA/McGraw-Hill. Permission is granted to reproduce this page for classroom use.

A message from ______________________________

Your child's class has just finished reading the story "Uncle Jed's Barbershop." This story is about a man who, in spite of the Great Depression and many other setbacks, turned his lifelong dream into a reality. Ask your child to tell you more about the story.

With your child, discuss members of your family who worked to make a dream come true. Who were they? Where did they live? What was their dream? What was the world like at the time they were working toward their dream? Did they work to make the dream come true? What did they do? Did they face difficulties? If so, what were they? Did the dream become a reality? Did the dream change? Allow your child's questions to direct the discussion. If necessary, use the questions here for guidance. Your child can record answers to his or her questions on this page. If necessary, use another piece of paper to record information.

Copyright © SRA/McGraw-Hill. Permission is granted to reproduce this page for classroom use.

Un mensaje de ______________________________

Su hijo(a) ha terminado de leer "Uncle Jed's Barbershop". Esta historia trata de un hombre que a pesar la Gran Depresión y de muchos otros contratiempos convirtió su sueño de toda su vida en realidad. Pida a su hijo(a) que le cuente más sobre esta historia.

Hable con su hijo(a) sobre miembros de su familia que convirtieron un sueño en realidad. ¿Quiénes eran? ¿Dónde vivían? ¿Cuál era su sueño? ¿Cómo era el mundo cuando trabajaban para conseguir su sueño? ¿Trabajaron para convertir su sueño en realidad? ¿Qué hicieron? ¿Se enfrentaron a dificultades? De ser así ¿cuáles fueron? ¿Se convirtió el sueño en realidad? ¿Cambió el sueño? Permita que las preguntas de su hijo(a) dirijan la discusión. Si es necesario, use estas preguntas como guía. Su hijo(a) puede anotar las respuestas a sus preguntas en esta página. Si es necesario, use otra hoja de papel para anotar la información.

Copyright © SRA/McGraw-Hill. Permission is granted to reproduce this page for classroom use.

Storytelling

A message from ______________________________

The unit our class is starting to read is about storytelling. Students will begin by reading an African folktale about the origin of storytelling. They will go on to read a biography of Johnny Appleseed and an article about how telling stories preserves history. They will also read stories about how objects we collect, heirlooms we save, and homes we have lived in help us remember the past.

You can help your child appreciate the value of storytelling by arranging regular read-aloud story hours at home, by telling your child stories of your family's history, and by visiting historical museums. You and your child might also consider visiting a nearby historical restoration, such as Williamsburg, Virginia; Amana Colonies, Iowa; or Tombstone, Arizona.

Listed below are books about storytelling that you and your child might enjoy. These, and similar books, should be available at the public library:

From Miss Ida's Porch by Sandra Belton. Grown-ups gather on Miss Ida's porch to tell stories about their childhoods and the time they saw Duke Ellington and Marian Anderson.

I Was Dreaming to Come to America: Memories from the Ellis Island Oral History Project illustrated by Veronica Lawlor. This is a collection of excerpts from personal interviews, photographs, and drawings about the experiences of immigrants who passed through Ellis Island between 1900 and 1925.

Next week's selection ***A Story A Story***

Your child will be studying the following vocabulary words in the upcoming week. Please review the meanings of these words with your child: **defenseless**—helpless; **descendants**—people who come from a particular ancestor or group of ancestors; **flamboyant**—strikingly colorful or decorated; **furious**—violently angry; **tatter**—to tear.

Please review with your child the spelling words for the upcoming week: splint, splash, splatter, sprinkle, sprout, spring, strap, strike, string, streak, stronger, spun, stories, sticky, slap.

Copyright © SRA/McGraw-Hill. Permission is granted to reproduce this page for classroom use.

Un mensaje de ______________________

Nuestra clase ha empezado a leer una unidad que trata sobre la narración. Los estudiantes comenzarán a leer un cuento folklórico africano sobre el origen de los cuentos. Leerán una biografía de Johnny Appleseed y un artículo sobre cómo los cuentos preservan la historia. Los estudiantes también leerán cuentos sobre cómo los objetos que coleccionamos, las reliquias que guardamos y las casas en las que vivimos nos ayudan a recordar el pasado.

Usted puede ayudar a su hijo(a) a apreciar el valor de los cuentos al organizar en casa horas de lectura de cuentos en voz alta, al contar a su hijo(a) cuentos de la historia de su familia y al visitar museos históricos. Usted y su hijo(a) también podrían considerar la visita a un lugar histórico que haya sido restaurado, como Williamsburg, Virginia; Amana Colonies, Iowa; o Tombstone, Arizona.

Aquí hay una lista de libros de cuentos que usted y su hijo(a) podrían disfrutar al leer. Éstos y otros libros similares deben estar disponibles en la biblioteca pública:

From Miss Ida's Porch por Sandra Belton. Los adultos se reúnen en el patio de la Srta. Ida para contar historias sobre su infancia y las ocasiones en las que vieron al Duque Ellington y a Marian Anderson.

I Was Dreaming to Come to America: Memories from the Ellis Island Oral History Project ilustrado por Verónica Lawlor. Ésta es una colección de selecciones de entrevistas personales, fotografías y dibujos sobre las experiencias de los inmigrantes que pasaron por la Isla Ellis entre 1900 y 1925.

La selección de la próxima semana ***A Story A Story***

Su hijo(a) va a estudiar las siguientes palabras de vocabulario durante la próxima semana. Por favor repase el significado de estas palabras con su hijo(a): **defenseless**—indefenso; **descendants**—persona que proviene de un grupo particular de antepasados o grupo de antepasados; **flamboyant**—notablemente colorido o decorado; **furious**—enfadado de forma violenta; **tatter**—romper.

Por favor repase con su hijo(a) las siguientes palabras para deletrear para la próxima semana: splint, splash, splatter, sprinkle, sprout, spring, strap, strike, string, streak, stronger, spun, stories, sticky, slap.

Copyright © SRA/McGraw-Hill. Permission is granted to reproduce this page for classroom use.

A message from ______________________________

Our class has just read "A Story A Story," an African folktale about how a clever man bought all the world's stories from the legendary Sky God and brought them to earth. Tricks are an important part of the clever man's success in this story. Ask your child to tell you more. You and your child might enjoy learning and performing a trick or two for friends. Here is a trick that is easy to do.

Penny Through the Hole

To get ready:
Trace a circle around a dime on a sheet of paper. Fold the paper across the center of the circle. Carefully cut out the hole so it is exactly the same size as a dime.

To do the trick:
Ask your audience if anyone can make a penny go through a hole that is the size of a dime without forcing it through. When the audience gives up, show them how to do it. Put a penny in the fold. Then lift up the ends of the folded edge and bend them together. The penny will fall through the hole.

Next week's selection ***Oral History***

Your child will be studying the following vocabulary words in the upcoming week. Please review the meanings of these words with your child: **ancestors**—people from whom one is descended; **records**—written accounts; **inherited**—received property or money of a person who has died; **folklore**—tales or traditions handed down from one generation to the next among a group of people; **recited**—repeated from memory.

Please review with your child the spelling words for the upcoming week: know, knee, kneel, knife, knit, wrap, wren, wreck, wrist, wrong, write, wrinkle, knew, known, written.

Copyright © SRA/McGraw-Hill. Permission is granted to reproduce this page for classroom use.

Un mensaje de ______________________________

Nuestra clase ha terminado de leer "A Story A Story", un cuento folklórico africano que trata de cómo un hombre astuto compró todos los cuentos del mundo del legendario dios del Cielo y los trajo a la Tierra. Los trucos son un elemento muy importante del éxito de esta historia. Pida a su hijo(a) que le cuente más sobre este cuento. Usted y su hijo(a) podrían disfrutar aprendiendo y haciendo uno o dos trucos para sus amigos. Aquí hay un truco fácil de hacer.

Un centavo a través del agujero

Para prepararse:
En una hoja de papel, trace un círculo alrededor de una moneda de diez centavos. Doble el papel a través del centro del círculo, para lograr un medio círculo. Corte el agujero con cuidado de manera que sea del mismo tamaño que la moneda.

Para hacer el truco:
Pregunte a su público si alguien podría meter un centavo a través de un agujero del tamaño de una moneda de diez centavos, sin forzarlo. Cuando el público se dé por vencido, muéstrele cómo hacerlo. Ponga un centavo en el doblez. Luego alce los extremos del doblez y dóblelos juntos. El centavo caerá por el agujero.

La selección de la próxima semana *Oral History*

Su hijo(a) va a estudiar las siguientes palabras de vocabulario durante la próxima semana. Por favor repase el significado de estas palabras con su hijo(a): **ancestors**—personas de las que desciende una persona; **records**—informes escritos; **inherited**—recibió propiedades o dinero de una persona que murió; **folklore**—relatos o tradiciones que se pasan a un grupo de personas de generación en generación; **recited**—repitió de memoria.

Por favor repase con su hijo(a) las siguientes palabras para deletrear para la próxima semana: know, knee, kneel, knife, knit, wrap, wren, wreck, wrist, wrong, write, wrinkle, knew, known, written.

Copyright © SRA/McGraw-Hill. Permission is granted to reproduce this page for classroom use.

A message from ______________________

Our students have just finished reading "Oral History," an article about history that is passed on by word-of-mouth instead of being written down. Not only was this the way information was passed on before there was writing, but it is still thriving today. When parents and grandparents remember the past, their stories are examples of oral history. Ask your child to tell you more about the article.

You can help your child experience oral history in action by arranging for him or her to meet with an elderly person who lives nearby. A retirement home or an assisted living facility would be an excellent resource. Have your child ask questions similar to those that follow and record the answers. Encourage your child to bring the answers to class to discuss with the other students.

What did you do for fun when you were growing up? ______________________

____

____

What chores did you help with when you were growing up? ______________________

____

____

How did your family celebrate holidays when you were young? ______________________

____

____

Next week's selection ***Storm in the Night***

Your child will be studying the following vocabulary words in the upcoming week. Please review the meanings of these words with your child: **repeats**—something that is done again; **brave**—having courage; **errand**—a short trip to do something; **overcome**—to beat or conquer; **natural**—not artificial or made by humans.

Please review with your child the spelling words for the upcoming week: batch, catch, latch, match, lamb, limb, comb, climb, calf, thumb, ditch, crumb, scratched, kitchen, half.

Copyright © SRA/McGraw-Hill. Permission is granted to reproduce this page for classroom use.

Un mensaje de ______________________

Nuestros estudiantes han terminado de leer "Oral History", un artículo sobre historia que se transmite oralmente, en vez de en forma escrita. No sólo era ésta la manera en que se transmitía la información antes de que hubiese escritura, sino que aún prospera hoy en día. Cuando padres y abuelos recuerdan el pasado, sus historias son ejemplos de historia oral. Pida a su hijo(a) que le cuente más sobre este artículo.

Usted puede ayudar a su hijo(a) a tener una experiencia con la historia oral en acción. Organice para que él o ella se reúna con una persona mayor que viva cerca. Una casa de ancianos o una residencia con servicios de asistencia podría ser un buen lugar. Para refrescar la memoria de la persona mayor, pida a su hijo(a) que le haga preguntas similares a las que siguen y que apunte las respuestas. Anime a su hijo(a) a traer las respuestas a la clase para compartirlas con los otros estudiantes.

¿Qué hacía usted para divertirse mientras crecía? ______________________

____

____

¿Con qué quehaceres ayudaba mientras crecía? ______________________

____

____

¿Cómo celebraba su familia los días festivos cuando era joven? ______________________

____

____

La selección de la próxima semana ***Storm in the Night***

Su hijo(a) va a estudiar las siguientes palabras de vocabulario durante la próxima semana. Por favor repase el significado de estas palabras con su hijo(a): **repeats**—algo que se hace de nuevo; **brave**—que tiene valentía; **errand**—pequeño viaje para hacer algo; **overcome**—vencer o conquistar; **natural**—que no es artificial ni hecho por el ser humano.

Por favor repase con su hijo(a) las siguientes palabras para deletrear para la próxima semana: batch, catch, latch, match, lamb, limb, comb, climb, calf, thumb, ditch, crumb, scratched, kitchen, half.

Copyright © SRA/McGraw-Hill. Permission is granted to reproduce this page for classroom use.

Storm in the Night

A message from ______________________________

Your child's class has just finished reading the story "Storm in the Night." This story is about a grandfather and grandson who keep each other company during a thunderstorm when the electricity goes out. Ask your child to tell you more about the story.

You and your child can make a list of fun things to do during a storm. You might also wish to create a list of provisions to keep on hand in case the electricity ever does go out. Think of items for your "storm kit" with your child.

Fun things to do in a storm

____

____

____

____

____

List of provisions to keep in case of a storm

____

____

____

____

____

Next week's selection ***Carving the Pole***

Your child will be studying the following vocabulary words in the upcoming week. Please review the meanings of these words with your child: **totem**—animal, plant, or object that is the symbol of a family or clan; **legends**—stories passed down that are not entirely true; **symbol**—something that represents something else; **generation**—a group of people who are about the same age; **reservation**—land set aside by the government for a specific purpose.

Please review with your child the spelling words for the upcoming week: woman, eleven, even, garden, happen, bottom, cannon, dragon, horizon, lesson, totem, important, legend, system, listen.

Copyright © SRA/McGraw-Hill. Permission is granted to reproduce this page for classroom use.

Un mensaje de ______________________________

La clase de su hijo(a) ha leído la historia "Storm in the Night". Esta historia trata de un abuelo y su nieto que comparten una tormenta con truenos cuando se va la luz. Pida a su hijo(a) que le cuente más sobre la historia.

Su hijo(a) y usted pueden hacer una lista de cosas divertidas que hacer durante una tormenta. También pueden querer crear una lista de provisiones al alcance de la mano en caso de que realmente se vaya la luz. Piense en cosas para su "estuche de tormenta" con su hijo(a).

Cosas divertidas que hacer durante una tormenta

____

____

____

____

____

Lista de provisiones que mantener en caso de tormenta

____

____

____

____

____

La selección de la próxima semana *Carving the Pole*

Su hijo(a) va a estudiar las siguientes palabras de vocabulario durante la próxima semana. Por favor repase el significado de estas palabras con su hijo(a): **totem**—animal, planta u objeto que es el símbolo de una familia o clan; **legends**—historias transmitidas que no son enteramente ciertas; **symbol**—algo que representa otra cosa; **generation**—grupo de personas de alrededor de la misma edad; **reservation**—terreno que el gobierno aparta para un propósito determinado.

Por favor repase con su hijo(a) las siguientes palabras para deletrear para la próxima semana: woman, eleven, even, garden, happen, bottom, cannon, dragon, horizon, lesson, totem, important, legend, system, listen.

Copyright © SRA/McGraw-Hill. Permission is granted to reproduce this page for classroom use.

A message from ______________________________

In our storytelling unit, we have just read a nonfiction selection called "Carving the Pole." This selection describes how a Native American artist from the state of Washington carves totem poles. Ask your child to tell you more about it.

In one part of this selection, the writer explains that a totem pole is like a signboard that passes stories from one generation to the next. Each carving represents a symbol of great meaning. You and your child might enjoy creating your own "signboard" to represent stories or important events in your family. Following are directions for creating a signboard.

A Family Signboard

You will need:

a board, a plaque, or a display box
a piece of solid-colored fabric
glue
straight pins
several mementos, each representing a different event:

- photographs
- dried flowers
- invitations
- greeting cards
- achievement pins
- report cards
- athletic letters
- menus
- certificates

What to do:

Cut the piece of fabric to fit the board, plaque, or display box. Glue the fabric in place. Create an arrangement of mementos on the board. Glue or pin them in place. If you wish to make a more permanent signboard suitable for hanging, mount the board in a frame and cover the mementos with glass or acrylic to preserve them.

Next week's selection ***The Keeping Quilt***

Your child will be studying the following vocabulary words in the upcoming week. Please review the meanings of these words with your child: **flavor**—a particular taste; **handkerchief**—cloth used to wipe the nose or face; **artificial**—made by people, not natural; **bouquet**—a bunch of flowers; **hauling**—pulling, moving with force.

Please review with your child the spelling words for the upcoming week: quit, quack, quick, quiet, quite, squid, squint, squirt, square, squeak, question, squeeze, squirrel, quality, quilt.

Copyright © SRA/McGraw-Hill. Permission is granted to reproduce this page for classroom use.

Un mensaje de ________________________________

En nuestra unidad de narración, hemos terminado de leer una selección real llamado "Carving the Pole". Este artículo describe la manera en que los artistas amerindios del estado de Washington tallan los postes totémicos. Pida a su hijo(a) que le cuente más sobre esto.

En una parte de esta selección, el escritor explica que un tótem es como un letrero que transmite historias de una generación a la siguiente. Cada tallado representa un símbolo con mucho significado. Usted y su hijo(a) pueden disfrutar al crear su propio "letrero" para representar historias o eventos importantes de la familia. A continuación están las instrucciones para crear un letrero.

Un letrero de la familia

Necesita:

un cartón, una placa o una caja de exhibición
un retazo de tela de un solo color
pegamento
alfileres
varios recuerdos, cada uno representa distintos eventos:

- fotografías
- flores secas
- invitaciones
- tarjetas
- prendedores de logros
- libreta de calificaciones
- cartas deportivas
- menús
- certificados

Qué hacer:

Corte el retazo de tela para cubrir el cartón, la placa o la caja de exhibición y péguelele la tela. Cree un arreglo de recuerdos en el cartón. Pegue o use los alfileres para sostenerlos. Si usted desea hacer un letrero más duradero y adecuado para colgar, enmárquelo y cúbralo con vidrio o acrílico para preservarlo.

La selección de la próxima semana ***The Keeping Quilt***

Su hijo(a) va a estudiar las siguientes palabras de vocabulario durante la próxima semana. Por favor repase el significado de estas palabras con su hijo(a): **flavor**—sabor determinado; **handkerchief**—tela que se usa para restregar la nariz o la cara; **artificial**—hecho por seres humanos, no natural; **bouquet**—conjunto de flores; **hauling**—tirar, mover con fuerza.

Por favor repase con su hijo(a) las siguientes palabras para deletrear para la próxima semana: quit, quack, quick, quiet, quite, squid, squint, squirt, square, squeak, question, squeeze, squirrel, quality, quilt.

Copyright © SRA/McGraw-Hill. Permission is granted to reproduce this page for classroom use.

A message from ______________________________

As part of our unit on storytelling, our class read "The Keeping Quilt." In this story, the author traces the history of a quilt made from her Russian ancestors' worn-out clothing. The quilt becomes an important part of her family's traditions as it is passed from generation to generation. Ask your child to tell you the story.

To help your child understand the concept of tradition, discuss a tradition or an heirloom that has been passed down in your family from one generation to the next. Ask your child to write a description of the tradition or heirloom on this page. Encourage your child to bring his or her description to school to share with the rest of the class.

____

____

____

____

____

____

____

____

____

____

____

Next week's selection ***Johnny Appleseed***

Your child will be studying the following vocabulary words in the upcoming week. Please review the meanings of these words with your child: **decade**—period of ten years; **inspired**—filled with a strong, encouraging feeling; **befriended**—became friends with; **replenish**—to fill up again; **recollections**—things remembered, memories.

Please review with your child the spelling words for the upcoming week: since, sauce, safe, sink, nice, gym, germ, magic, age, gentle, hinge, cellar, second, cider, largest.

Copyright © SRA/McGraw-Hill. Permission is granted to reproduce this page for classroom use.

Un mensaje de ______________________

Como parte de nuestra unidad de narración, nuestra clase ha leído "The Keeping Quilt". En este cuento, el autor traza la historia de una colcha hecha de la ropa vieja de sus ancestros rusos. La colcha se convierte en una parte muy importante de las tradiciones de la familia, a medida que ésta pasa de generación en generación. Pida a su hijo(a) que le cuente la historia.

Para ayudar a su hijo(a) a comprender el concepto de tradición, hable de una tradición o una reliquia que se haya mantenido en la familia y que se haya pasado de una generación a la siguiente. Pida a su hijo(a) que escriba en esta página una descripción de la tradición o de la reliquia. Anime a su hijo(a) a traer su descripción a la escuela para compartirla con la clase.

____

____

____

____

____

____

____

____

____

____

____

La selección de la próxima semana ***Johnny Appleseed***

Su hijo(a) va a estudiar las siguientes palabras de vocabulario durante la próxima semana. Por favor repase el significado de estas palabras con su hijo(a): **decade**—periodo de diez años; **inspired**—lleno de un fuerte sentimiento alentador; **befriended**—se hicieron amigos con; **replenish**—volver a llenar; **recollections**—cosas que se recuerdan, recuerdos.

Por favor repase con su hijo(a) las siguientes palabras para deletrear para la próxima semana: since, sauce, safe, sink, nice, gym, germ, magic, age, gentle, hinge, cellar, second, cider, largest.

Copyright © SRA/McGraw-Hill. Permission is granted to reproduce this page for classroom use.

A message from ______________________________

Your child's class has just finished reading the biography "Johnny Appleseed." This story is about the real person behind the legendary figure Johnny Appleseed. Ask your child to tell you more about the selection. You and your child might enjoy sprouting and planting an apple seed. Obtain seeds from the fruit of a locally grown apple or from a local garden center. Fill two or three dividers of a paper egg carton with soil. Then, moisten the soil with water and drop two or three seeds into each divider. With your finger or a pencil, gently tap the seeds just under the surface of the soil. Place the dividers in a pie pan or other shallow container, cover with plastic wrap, and leave in a sunny location. Keep seeds moist but not soaking. Once the sprouts have grown sturdier, move to a larger pot until they are big enough to move outside. The student can also consider giving the starter to a friend or relative as a gift. It will take about a year for the plant to become strong enough to be planted outside.

Next week's selection ***Aunt Flossie's Hats (and Crab Cakes Later)***

Your child will be studying the following vocabulary words in the upcoming week. Please review the meanings of these words with your child: **terrapins**—turtles that live mainly in rivers and ponds; **trillion**—the number 1,000,000,000,000; a very large number; **memories**—things and times remembered; **buglers**—people who play the bugle or trumpet; **rescue**—to save or free.

Please review with your child the spelling words for the upcoming week: police, wrote, plunge, huge, quake, seven, shelf, city, stripe, spray, racing, wrestle, buttons, story, engines.

Copyright © SRA/McGraw-Hill. Permission is granted to reproduce this page for classroom use.

Un mensaje de ______________________________

La clase de su hijo(a) ha terminado de leer la biografía "Johnny Appleseed". Esta historia trata de la persona real detrás del legendario personaje de Johnny Appleseed. Pida a su hijo(a) que le cuente más sobre esta selección. Puede que su hijo(a) y usted disfruten haciendo crecer y plantando una semilla de manzana. Obtenga semillas de una fruta o de un vivero de manzanas o de un jardín local. Llene dos o más separadores de un recipiente de papel para huevos con tierra. Después, humedezca la tierra con agua y ponga dos o tres semillas en cada separador. Ponga suavemente las semillas debajo de la tierra con el dedo o un lápiz. Ponga los divisores en una olla para tortas u otro recipiente poco profundo, cubra con plástico para envolver y déjelo en un lugar soleado. Mantenga las semillas húmedas pero no empapadas. Una vez que los retoños han crecido más firmes, cámbielos a una olla más grande, hasta que pueda ponerlos afuera. Los estudiantes también pueden considerar regalar este planta iniciadora a un amigo o pariente. La planta tardará aproximadamente un año hasta que esté lista para plantarse afuera.

La selección de la próxima semana ***Aunt Flossie's Hats (and Crab Cakes Later)***

Su hijo(a) va a estudiar las siguientes palabras de vocabulario durante la próxima semana. Por favor repase el significado de estas palabras con su hijo(a): **terrapins**—tortugas que viven generalmente en ríos y lagos; **trillion**—el número 1,000,000,000,000 en inglés y 1,000,000,000,000,000,000 en español, un número muy grande; **memories**—cosas y momentos que se recuerdan; **buglers**—personas que tocan la corneta o la trompeta; **rescue**—salvar o liberar.

Por favor repase con su hijo(a) las siguientes palabras para deletrear para la próxima semana: police, wrote, plunge, huge, quake, seven, shelf, city, stripe, spray, racing, wrestle, buttons, story, engines.

Copyright © SRA/McGraw-Hill. Permission is granted to reproduce this page for classroom use.

Aunt Flossie's Hats (and Crab Cakes Later)

A message from ______________________________

Our class has recently read "Aunt Flossie's Hats (and Crab Cakes Later)." This story is about Sarah's and Susan's visits to Aunt Flossie's house and her memorable collection of hats, each with its own story. Ask your child to tell you more about this selection.

The setting for this story is Baltimore, and the girls' visits to Aunt Flossie's house always end with going out to get a local favorite—crab cakes. If you and your child have never had crab cakes, you might enjoy making some. Here's a recipe.

Crab Cakes

Ingredients:

12 ounces flaked crabmeat, with cartilage removed (drain if canned)
1/4 cup finely chopped onions
2 tablespoons butter
3 beaten eggs
1 cup fine, dry bread crumbs
2 teaspoons Worcestershire sauce
1 teaspoon dry mustard
1 teaspoon seafood seasoning
1/4 cup cooking oil

Cook the onion in butter until tender. Meanwhile, in a mixing bowl combine the eggs, 2/3 cup of bread crumbs, Worcestershire sauce, mustard, and seafood seasoning. Stir in onion and crabmeat. Shape into six patties. Coat patties with remaining bread crumbs. Heat oil in a large skillet. Cook patties over medium heat, turning until golden brown on both sides. Serve with lemon wedges or tartar sauce.

Copyright © SRA/McGraw-Hill. Permission is granted to reproduce this page for classroom use.

Aunt Flossie's Hats (and Crab Cakes Later)

Un mensaje de ______________________________

Nuestra clase ha leído recientemente "Aunt Flossie's Hats (and Crab Cakes Later)". Ésta es la historia de las visitas de Sarah y Susana a la casa de la tía Flossie y su memorable colección de sombreros, cada uno con su historia. Pida a su hijo(a) que le cuente más sobre esta historia.

Este cuento toma lugar en Baltimore y la visita de las niñas a la casa de la tía Flossie siempre termina en una salida para comprar una delicia local—croquetas de cangrejo. Si ni usted, ni su hijo(a) han probado estas croquetas, querrán prepararlas y disfrutar de ellas. Aquí hay una receta.

Croquetas de cangrejo

Ingredientes:

12 onzas de carne de cangrejo desmenuzada, sin cartílago (sin agua si es enlatada)
1/4 de taza de cebolla picada bien finita
2 cucharadas de mantequilla
3 huevos batidos
1 taza de pan molido, seco
2 cucharaditas de salsa Worcestershire
1 cucharadita de mostaza seca
1 cucharadita de condimento para mariscos
1/4 de taza de aceite de cocina

Cocine la cebolla en la mantequilla hasta que se ablande. Mientras tanto, en un recipiente combine los huevos, 2/3 de taza de pan molido, salsa Worcestershire, mostaza y el condimento para mariscos. Añada la cebolla y la carne de cangrejo. Forme 6 croquetas. Cubra las croquetas con lo que sobra del pan molido. Caliente el aceite en la sartén. Cocine las croquetas a fuego moderado, déles vueltas hasta que se doren los dos lados. Sirva con rodajitas de limón o salsa tártara.

Copyright © SRA/McGraw-Hill. Permission is granted to reproduce this page for classroom use.

Country Life

A message from ______________________________

The unit our students are starting to read is about country life. The class will be reading stories, poems, and nonfiction selections that show life in the country, especially farm life, from several points of view. The unit begins with the well-known fable about the country mouse and the city mouse. Students will read about a contemporary dairy farm. They will also read a story about the Amish, as well as a story about the pressures facing small family farms. Students will also read a story about a family farm during the Great Depression.

You can help in this exploration of country life by planning a visit to a demonstration farm, by encouraging your child to learn a basic home-related skill or handcraft, or by going to the library with your child to find other books about country life. Listed below are books about other aspects of country life. Add to this list other books you and your child find together.

Sarah, Plain and Tall by Patricia MacLachlan. In this classic, two children get a new mother when their father advertises for a wife.

Little House in the Big Woods by Laura Ingalls Wilder. The first of the well-known Little House books, this is the story of the Ingalls family pioneering in the deep Wisconsin woods in the 1870s.

Working Cotton by Sherley Anne Williams. This tribute to migrant family life is the story of a long day's work in the cotton fields from a child's point of view.

Next week's selection ***The Country Mouse and the City Mouse***

Your child will be studying the following vocabulary words for the upcoming week. Please review the meanings of these words with your child: **sensible**—having or showing good sense; **quantity**—a number or amount; **condescending**—with an attitude of superiority; **morsel**—a tiny bit; small portion; **scurried**—moved quickly as if in a great hurry; **splendid**—magnificent; glorious.

Please review with your child the spelling words for the upcoming week: deer, geese, fish, wolves, leaves, loaves, scarves, selves, shelves, calves, mice, lives, sheep, shrimp, wives.

Copyright © SRA/McGraw-Hill. Permission is granted to reproduce this page for classroom use.

La vida en el campo

Un mensaje de ______________________________

La unidad que nuestros estudiantes han comenzado a leer trata sobre la vida del campo. Los estudiantes en la clase leerán cuentos, poemas y artículos que muestran la vida del campo, especialmente la vida de los granjeros, desde varios puntos de vista. Los estudiantes leerán sobre un granjero de New Hampshire que vivió en el siglo pasado y sobre una hacienda lechera contemporánea. También leerán una historia y un artículo sobre los amish, así como una historia sobre las presiones que confrontan las familias granjeras. La unidad termina con la famosa fábula del ratón campesino y el ratón de la ciudad.

Para ayudar en esta exploración de la vida del campo, usted puede planear una visita a una granja de demostración, animar a su hijo(a) a aprender una destreza básica del hogar o una labor manual o ir a la biblioteca con su hijo(a) para buscar libros sobre la vida en el campo. En la siguiente lista hay libros sobre otros aspectos de la vida del campo. Añada a la lista otros libros que encuentre con su hijo(a).

Sarah, Plain and Tall por Patricia MacLachlan. En esta obra clásica, dos niños consiguen una nueva madre cuando su padre pone un anuncio para conseguir una esposa.

Little House in the Big Woods por Laura Ingalls Wilder. El primero de los tan conocidos libros Little House, es la historia de la familia Ingalls, una familia pionera en los bosques de Wisconsin en los años 1870.

Working Cotton por Sherley Anne Williams. Este tributo a la vida de familia migratoria es la historia de un largo día de trabajo en los campos de algodón desde el punto de vista de un niño.

Copyright © SRA/McGraw-Hill. Permission is granted to reproduce this page for classroom use.

La selección de la próxima semana ***The Country Mouse and the City Mouse***

Su hijo(a) va a estudiar las siguientes palabras de vocabulario durante la próxima semana. Por favor repase el significado de estas palabras con su hijo(a): **sensible**—que tiene o muestra buen sentido; **quantity**—un número o cantidad; **condescending**—con una actitud de superioridad; **morsel**—un pedazo pequeño, porción pequeña; **scurried**—se movió con rapidez como si tuviera mucha prisa; **splendid**—magnífico, brillante.

Por favor repase con su hijo(a) las siguientes palabras para deletrear para la próxima semana: deer, geese, fish, wolves, leaves, loaves, scarves, selves, shelves, calves, mice, lives, sheep, shrimp, wives.

The Country Mouse and the City Mouse

A message from ______________________________

Recently, our class read one of Aesop's Fables, "The Country Mouse and the City Mouse." In this fable, a country mouse discovers that city life has its drawbacks. Ask your child to tell you more about this fable. Then help your child make a list of things that are good about city life and another list of things that are good about country life. You and your child may need to do some library research or talk to people who live in both places before making your lists. Encourage your child to bring his or her lists to school to share with others.

City Life Versus Country Life

Good Things About City Life	Good Things About Country Life

Next week's selection ***Heartland***

Your child will be studying the following vocabulary words for the upcoming week. Please review the meanings of these words with your child: **converge**—to come together at the same location; meet; **fertile**—able to produce a rich harvest; **hues**—colors; **merge**—unite; combine; **reigns**—rules; **vital**—absolutely necessary to life.

Please review with your child the spelling words for the upcoming week: dizzy, hilly, messy, foggy, soggy, sunny, bunny, funny, guppy, puppy, smelly, sloppy, chilly, grassy, silly.

Copyright © SRA/McGraw-Hill. Permission is granted to reproduce this page for classroom use.

The Country Mouse and the City Mouse

Un mensaje de ______________________________

Recientemente nuestra clase leyó una de las fábulas de Esopo, "The Country Mouse and the City Mouse". En esta fábula, un ratón del campo descubre que la vida de la ciudad tiene sus inconvenientes. Pida a su hijo(a) que le cuente más sobre esta fábula. Luego ayude a su hijo(a) a hacer una lista de cosas buenas sobre la vida de la ciudad y otra lista de cosas buenas sobre la vida del campo. Usted y su hijo(a) tal vez deban investigar en la biblioteca o hablar con gente que vive en los dos lugares antes de hacer su lista. Anime a su hijo(a) a traer las listas a la escuela para compartirlas con los demás.

Vida en la ciudad versus vida en el campo

Buenas cosas sobre la vida de la ciudad	Buenas cosas sobre la vida del campo

La selección de la próxima semana ***Heartland***

Su hijo(a) va a estudiar las siguientes palabras de vocabulario durante la próxima semana. Por favor repase el significado de estas palabras con su hijo(a): **converge**—juntarse en el mismo lugar, encontrarse; **fertile**—capaz de producir una rica cosecha; **hues**—colores; **merge**—unir, combinar; **reigns**—gobierna; **vital**—absolutamente necesario para vivir.

Por favor repase con su hijo(a) las siguientes palabras para deletrear para la próxima semana: dizzy, hilly, messy, foggy, soggy, sunny, bunny, funny, guppy, puppy, smelly, sloppy, chilly, grassy, silly.

Copyright © SRA/McGraw-Hill. Permission is granted to reproduce this page for classroom use.

A message from ____________________

"Heartland" is the title of the poem students have just read in our Country Life unit. This poem vividly describes the beauty and strength of the American Midwest as a "patchwork quilt." To celebrate the American Midwest, you and your child might enjoy filling in the squares below to make a "heartland quilt." Reread the poem together and list examples under each heading provided. Add borders and designs to decorate your quilt.

American Heartland Quilt		
Land • • •	Crops • • •	Places • • •
Water • • •	Tools • • •	Seasons • • •
Animals • • •	People • • •	Weather • • •

Next week's selection ***Leah's Pony***

Your child will be studying the following vocabulary words for the upcoming week. Please review the meanings of these words with your child: **saddle**—a seat for riding on a horse; **girth**—measurement around an object; **pasture**—land where animals graze; **auction**—a public sale at which things are sold to the person who offers the most money; **gullies**—narrow ditches made by flowing water; **cultivate**—prepare and use land for growing vegetables, flowers, or other crops.

Please review with your child the spelling words for the upcoming week: dizzier, happier, heavier, hungrier, prettier, dizziest, drowsiest, happiest, heaviest, hungriest, finest, taller, drowsier, greater, greatest.

Copyright © SRA/McGraw-Hill. Permission is granted to reproduce this page for classroom use.

Un mensaje de ______________________

"Heartland" es el título del poema que los estudiantes han terminado de leer en nuestra unidad sobre la vida del campo. Este poema describe, de una manera muy pintoresca, la belleza y la fortaleza del centro del territorio de los Estados Unidos como una "colcha de retazos." Para celebrar el centro del territorio de los Estados Unidos, usted y su hijo(a) podrían disfrutar llenando los cuadrados de abajo para hacer una "colcha del *heartland*". Lean juntos nuevamente el poema y den ejemplos bajo cada título. Añada bordes y diseños para decorar la colcha.

Colcha de retazos Heartland		
Tierra • • •	Cultivos • • •	Lugares • • •
Agua • • •	Herramientas • • •	Estaciones • • •
Animales • • •	Gente • • •	Clima • • •

La selección de la próxima semana ***Leah's Pony***

Su hijo(a) va a estudiar las siguientes palabras de vocabulario durante la próxima semana. Por favor repase el significado de estas palabras con su hijo(a): **saddle**—asiento para montar a caballo; **girth**—medida alrededor de un objeto; **pasture**—terreno donde pastan los animales; **auction**—venta pública en el que se venden cosas a la persona que ofrece la mayor cantidad de dinero; **gullies**—zanjas estrechas hecha de agua corriente; **cultivate**—preparar y usar un terreno para plantar legumbres, flores u otros cultivos.

Por favor repase con su hijo(a) las siguientes palabras para deletrear para la próxima semana: dizzier, happier, heavier, hungrier, prettier, dizziest, drowsiest, happiest, heaviest, hungriest, finest, taller, drowsier, greater, greatest.

Copyright © SRA/McGraw-Hill. Permission is granted to reproduce this page for classroom use.

A message from ________________________________

Your child has just read "Leah's Pony," a story about a young girl who helps her family save their farm during the Great Depression. Ask your child to tell you more about the story. During the Great Depression, especially in the Great Plains, people had to learn how to improvise and to make what they needed out of materials on hand. Leah's mother, for example, used old flour sacks to make underwear for the family. You and your child can practice making useful items out of ordinary household objects. Use the instructions below to create homemade candles.

Making Candles

You will need:

shallow cardboard box
several candle stubs with usable wicks
old candles, broken crayon pieces, or paraffin blocks
sand
empty coffee can

What to do:

1. Wet the sand thoroughly and place it in a shallow cardboard box.
2. Scoop out handfuls of sand to make several fist-sized holes, but leave some sand underneath the holes.
3. Place a candle stub in each hole, so that the wick is level with the top of the hole.
4. Put old candles, crayon pieces, or paraffin in a coffee can. Place the can in a pot of simmering water and melt the wax.
5. When the wax is melted, carefully pour it into each hole in the sand. Make sure the candle stub stays upright.
6. Let the candles harden overnight.
7. Dig the candles out of the sand and brush them off.

Next week's selection ***Cows in the Parlor: A Visit to a Dairy Farm***

Your child will be studying the following vocabulary words for the upcoming week. Please review the meanings of these words with your child: **graze**—to feed on growing grass; **bales**—large bundles of things tied together; **silo**—a tall, round tower for storing feed for farm animals; **parlor**—a room used for business, as a shop, or for entertaining; **automatic**—operating by itself; **frisky**—full of energy, playful, active.

Please review with your child the spelling words for the upcoming week: collect, elect, select, report, sports, support, export, import, attract, subtract, final, fines, refine, tractor, finished.

Copyright © SRA/McGraw-Hill. Permission is granted to reproduce this page for classroom use.

Un mensaje de ______________________

Su hijo(a) acaba de leer "Leah's Pony", una historia de una niña que ayuda a su familia a salvar su granja durante la Gran Depresión. Pida a su hijo(a) que le cuente más sobre la historia. Durante la Gran Depresión, particularmente en las Grandes Llanuras, la gente tuvo que aprender a improvisar y fabricar lo que necesitaba de materiales de la tierra. La madre de Leah, por ejemplo, usó viejos sacos de harina para hacer ropa interior para la familia. Su hijo(a) y usted pueden practicar cómo hacer artículos necesarios de objetos comunes del hogar. Use las siguientes instrucciones para hacer velas caseras.

Para hacer velas

Necesita:

una caja de cartón de poca profundidad
algunos cabos de velas con mechas servibles
velas viejas, pedazos viejos de crayones bloques de parafina
arena
lata de café vacía

Qué hacer:

1. Moje la arena completamente y colóquela en la caja de cartón.
2. Saque puñados de arena para hacer varios huecos del tamaño de un puño, pero deje algo de arena debajo de los huecos.
3. Coloque un cabo de vela en cada hueco, de manera que la mecha esté nivelada con la boca del hueco.
4. Ponga velas viejas, pedazos de crayones, o parafina en una lata de café. Coloque la lata en una olla con agua caliente y derrita la cera.
5. Cuando se haya derretido la cera, cuidadosamente viértala en cada hueco que hizo en la arena. Asegúrese que el cabo de la vela se mantenga parado.
6. Deje que las velas se endurezcan toda la noche.
7. Excave las velas de la arena y límpielas.

La selección de la próxima semana ***Cows in the Parlor: A Visit to a Dairy Farm***

Su hijo(a) va a estudiar las siguientes palabras de vocabulario durante la próxima semana. Por favor repase el significado de estas palabras con su hijo(a): **graze**—alimentarse de hierba que crece; **bales**—paquetes grandes de cosas atadas juntas; **silo**—una torre alta y redonda que se usa para guardar grano para animales de la granja; **parlor**—habitación que se usa para negocios, como una tienda, o para diversión; **automatic**—que funciona por su cuenta; **frisky**—lleno de energía, juguetón, activo.

Por favor repase con su hijo(a) las siguientes palabras para deletrear para la próxima semana: collect, elect, select, report, sports, support, export, import, attract, subtract, final, fines, refine, tractor, finished.

Copyright © SRA/McGraw-Hill. Permission is granted to reproduce this page for classroom use.

Cows in the Parlor: A Visit to a Dairy Farm

A message from ______________________________

Our students have just finished reading "Cows in the Parlor: A Visit to a Dairy Farm." This article describes life on a dairy farm and the process of caring for cows and producing milk for a commercial creamery. Ask your child to tell you more about the article.

To help your child appreciate the many uses of cows and other domestic animals, ask her or him to think of some of the ways we use animals. For example, your child may say that we raise chickens for eggs, and we turn cowhide into clothing and accessories. Visit a grocery store for more ideas. Encourage your child to list the animals and their uses on this page and bring it to class to share and discuss with the other students.

The Ways We Use Animals	
Animal:	Uses:
Animal:	Uses:
Animal:	Uses:
Animal:	Uses:

Next week's selection ***Just Plain Fancy***

Your child will be studying the following vocabulary words for the upcoming week. Please review the meanings of these words with your child: **constantly**—all the time; **frolic**—a carefree and fun time; **haltingly**—without confidence; **nestled**—sheltered safely, snuggled; **reins**—straps used for control by a rider of a horse or the driver of a carriage.

Please review with your child the spelling words for the upcoming week: critic, critical, criticize, phone, earphone, headphone, telephone, cent, central, century, center, cycle, unicycle, bicycle, tricycle.

Copyright © SRA/McGraw-Hill. Permission is granted to reproduce this page for classroom use.

Cows in the Parlor: A Visit to a Dairy Farm

Un mensaje de ______________________________

Nuestros estudiantes han terminado de leer "Cows in the Parlor: A Visit to a Dairy Farm". Este artículo describe la vida en una granja lechera y el proceso involucrado en el cuidado de las vacas y la producción de leche para una lechería comercial. Pida a su hijo(a) que le cuente más sobre el artículo.

Para ayudar a su hijo(a) a apreciar los tantos usos de las vacas y otros animales domésticos, pídale que piense de algunas maneras en las que usamos los animales. Por ejemplo, su hijo(a) podría decir que criamos pollos por los huevos y transformamos el cuero de la vaca en ropa y accesorios. Visite un supermercado para obtener más ideas. Anime a su hijo(a) a hacer una lista de animales y sus usos en esta página y a traerla clase para compartir y a hablar con los demás estudiantes.

Maneras en las que usamos animales	
Animal:	Usos:
Animal:	Usos:
Animal:	Usos:
Animal:	Usos:

La selección de la próxima semana ***Just Plain Fancy***

Su hijo(a) va a estudiar las siguientes palabras de vocabulario durante la próxima semana. Por favor repase el significado de estas palabras con su hijo(a): **constantly**—a todas horas; **frolic**—un momento divertido y sin preocupaciones; **haltingly**—sin seguridad; **nestled**—refugiado con seguridad, apretado; **reins**—correas que sirven para controlar que usa el jinete de un caballo o el conductor de una carroza.

Por favor repase con su hijo(a) las siguientes palabras para deletrear para la próxima semana: critic, critical, criticize, phone, earphone, headphone, telephone, cent, central, century, center, cycle, unicycle, bicycle, tricycle.

Copyright © SRA/McGraw-Hill. Permission is granted to reproduce this page for classroom use.

Just Plain Fancy

A message from ______________________________

As part of our unit on country life, our class read "Just Plain Fancy." This story is about a young Amish girl who wished for something fancy and got her wish in a very unusual way. Ask your child to tell you more about the story. The whole Amish community got together for a working bee, a day of working and socializing. Food was an important part of the event. You and your child might enjoy making a traditional Pennsylvania Dutch dessert called shoofly pie that would be served at almost any Amish working bee. Here is a recipe:

Shoofly Pie

Ingredients:

one unbaked pie shell

For the liquid part:
1/2 cup molasses
1/2 cup boiling water
1/2 teaspoon baking soda

For the crumb part:
1/4 cup shortening
1 cup brown sugar
1-1/2 cups flour
1/4 teaspoon salt
1 teaspoon cinnamon
1/4 teaspoon each nutmeg, ginger, and cloves

For the liquid part, combine the ingredients. For the crumb part, combine the ingredients and cut in the shortening with a pastry cutter to make crumbs. Put alternating layers of crumbs and liquid into the pie shell, with crumbs on the bottom and top. Bake at 450° for 15 minutes. Then reduce the heat to 350° and bake for 20 minutes.

Next week's selection ***What Ever Happened to the Baxter Place?***

Your child will be studying the following vocabulary words for the upcoming week. Please review the meanings of these words with your child: **rotation**—taking turns planting crops in different years on the same land; **surplus**—an amount greater than what is needed; **preserved**—protected in order to last longer; **hired**—paid to work; **partial**—not the total; **reluctantly**—unwillingly.

Please review with your child the spelling words for the upcoming week: hamster, hamburger, yodel, pretzel, trio, alto, tempo, plaza, armadillo, cafe, collage, bouquet, mortgage, alfalfa, boutique.

Copyright © SRA/McGraw-Hill. Permission is granted to reproduce this page for classroom use.

Just Plain Fancy

Un mensaje de ______________________________

Como parte de nuestra unidad sobre la vida en el campo, nuestra clase leyó "Just Plain Fancy". Esta historia trata de una joven amish que soñaba con algo elegante y cómo su deseo se le cumplió de una manera muy inusual. Pida a su hijo(a) que el cuente más sobre la historia. Toda la comunidad amish se juntó para una reunión de trabajo y actividad social. La comida era una parte importante del evento. Usted y su hijo(a) podrían disfrutar al hacer un postre tradicional, que es un pastel de los holandeses de Pennsylvania llamado *shoofly pie* que se serviría en casi cualquier reunión amish. Aquí está la receta:

Pastel llamado Shoofly Pie

Ingredientes

una masa para pastel sin hornear

Para la parte líquida:
1/2 taza de melaza
1/2 taza de agua hirviendo
1/2 cucharadita de bicarbonato

Para la parte de ingredientes secos:
1/4 de taza de manteca
1 taza de azúcar morena
1-1/2 tazas de harina
1/4 de cucharadita de sal
1 cucharadita de canela
1/4 de cucharadita de nuez moscada, jengibre y clavos

Para la parte líquida, combine los ingredientes. Para la parte de ingredientes secos, combine los ingredientes y corte la manteca con un tenedor para lograr la consistencia de migas. Alternando ponga capas de migas y líquido en la masa del pastel, con migas en el fondo y en la última capa. Hornee a 450° por 15 minutos. Luego reduzca la temperatura a 350° y hornee por 20 minutos más.

La selección de la próxima semana ***What Ever Happened to the Baxter Place?***

Su hijo(a) va a estudiar las siguientes palabras de vocabulario durante la próxima semana. Por favor repase el significado de estas palabras con su hijo(a): **rotation**—turnar diferentes cultivos durante distintos años en el mismo terreno; **surplus**—una cantidad mayor a la que se necesita; **preserved**—proteger para que dure más; **hired**—pagado para que trabaje; **partial**—que noes el total; **reluctantly**—sin ganas.

Por favor repase con su hijo(a) las siguientes palabras para deletrear para la próxima semana: hamster, hamburger, yodel, pretzel, trio, alto, tempo, plaza, armadillo, cafe, collage, bouquet, mortgage, alfalfa, boutique.

Copyright © SRA/McGraw-Hill. Permission is granted to reproduce this page for classroom use.

What Ever Happened to the Baxter Place?

A message from ______________________________

Our class has just read a story called "What Ever Happened to the Baxter Place?" The story tells about how, over a number of years, a typical family farm was divided and changed. It describes a situation that is true of many family farms today. Many have been sold and subdivided for homes and shopping malls. Ask your child to tell you about this story.

To help your child understand this complex issue of land use, discuss with him or her these conflicting interests. On the one hand, farmers grow the food we eat and must have the land for their crops. On the other hand, more people need places to live, to shop, and to have fun. Ask your child to write his or her thoughts and feelings about this issue and bring this page to school to discuss with classmates.

How I Feel About the Way Land Is Used

____

____

____

____

____

____

____

____

____

Next week's selection ***If you're not from the prairie...***

Your child will be studying the following vocabulary words for the upcoming week. Please review the meanings of these words with your child: **prairie**—flat or rolling land covered with grass; **dugouts**—crude shelters made by digging holes in the ground or on the side of a hill; **grains**—seeds of corn, wheat, oats, rye, or other cereal plants; **drifts**—mounds formed by blowing wind; **conquered**—to have overcome.

Please review with your child the spelling words for the upcoming week: knives, trout, airport, flurry, dirtiest, prettiest, sillier, ballet, earphones, cycling, children, messages, cleaner, brighter, brightest.

Copyright © SRA/McGraw-Hill. Permission is granted to reproduce this page for classroom use.

What Ever Happened to the Baxter Place?

Un mensaje de ______________________________

Nuestra clase ha terminado de leer una historia llamada "What Ever Happened to the Baxter Place?" La historia trata de cómo, con el paso de los años, una típica hacienda de familia se dividió y cambió. Esta historia describe una situación muy cierta para muchas haciendas en la actualidad. Muchas se han vendido y subdividido para viviendas y centros comerciales. Pida a su hijo(a) que le cuente sobre esta historia.

Para ayudar a su hijo(a) a comprender asuntos tan complejos como el uso de la tierra, hable con él o ella sobre estos intereses tan contrarios. Por un lado, los granjeros cultivan y cosechan la comida que comemos y deben tener la tierra para sus cultivos. Por otro lado, más gente necesita lugares para vivir, comprar y divertirse. Pida a su hijo(a) que escriba sus ideas y opiniones sobre estos asuntos y traiga esta página a la escuela para compartirla con sus compañeros.

Mis opiniones sobre el uso de la tierra

____

____

____

____

____

____

____

____

____

La selección de la próxima semana ***If you're not from the prairie...***

Su hijo(a) va a estudiar las siguientes palabras de vocabulario durante la próxima semana. Por favor repase el significado de estas palabras con su hijo(a): **prairie**—terreno llano u ondulado cubierto de hierba; **dugouts**—refugios rudimentarios hechos por agujeros en la tierra o a un lado de una colina; **grains**—semillas de maíz, trigo, avena, centeno u otros cereales; **drifts**—montones formados por viento que sopla; **conquered**—haber vencido.

Por favor repase con su hijo(a) las siguientes palabras para deletrear para la próxima semana: knives, trout, airport, flurry, dirtiest, prettiest, sillier, ballet, earphones, cycling, children, messages, cleaner, brighter, brightest.

Copyright © SRA/McGraw-Hill. Permission is granted to reproduce this page for classroom use.

A message from ______________________________

Your child has just read "If you're not from the prairie . . . ," a poem about the natural beauty of the prairie told by a man who grew up there. Ask your child to tell you more about the poem. Perhaps your family has a special place of natural beauty for which you have a fondness. With your child, make a list of the things that you love about the place. Describe the way it looks, the weather there, the vegetation, or whatever it is that makes you feel a special connection to the place.

Copyright © SRA/McGraw-Hill. Permission is granted to reproduce this page for classroom use.

If you're not from the prairie . . .

Un mensaje de ______________________________

Su hijo(a) ha terminado de leer "If you're not from the prairie…", un poema sobre la belleza natural de la pradera contado por un hombre que creció allí. Pida a su hijo(a) que le cuente más sobre el poema. Quizá su familia tenga un lugar de belleza natural al que le tiene cariño. Haga una lista de las cosas que le agradan de ese lugar con su hijo(a). Describa cómo es, el tiempo allí, la vegetación o cualquier cosa que le haga sentir una conexión especial con ese lugar.

Copyright © SRA/McGraw-Hill. Permission is granted to reproduce this page for classroom use.